Stuart Heritage

Gutenachtgeschichten
für alle, die sich
vor Populisten gruseln

Stuart Heritage

Gutenachtgeschichten für alle, die sich vor Populisten gruseln

Aus dem Englischen
von Eva Regul

Kiepenheuer & Witsch

Für Dad

Inhalt

Prolog

Hallo. Ich heiße Stuart, und ich erzähle euch jetzt ein paar Gutenachtgeschichten.

Bestimmt habt ihr auch einen langen und anstrengenden Tag hinter euch. Das Leben besteht irgendwie nur noch aus Angst und Wut und Aggressionen, die auf euch niederprasseln wie Kanonenkugeln. Unsere Welt ist ins Wanken geraten und steht am Rande der politischen, ökologischen und nuklearen Zerstörung, und jeden Tag scheint es ein bisschen schlimmer zu werden. Manchmal hat man das Gefühl, die Fieslinge haben gewonnen.

Aber mit diesem Buch könnt ihr euch entspannt zurücklehnen. In dieser Sammlung tröstlicher Geschichten zeigen unsere irregeleiteten Gegner endlich Einsicht in ihre Verfehlungen: Politiker leisten Abbitte, Demagogen empfinden Reue und Boris Johnson wird von Bären zerfleischt. Das ganze Buch vermittelt eine einfache Botschaft: *Alles wird gut.*

Kuschelt euch unter die Decke und macht die Augen zu. Morgen kommt ein neuer schwerer Tag, aber heute Abend tut nichts mehr weh. Dieses Buch ist euer Wolkenkuckucksheim, und hier, liebe Leserinnen und Leser, ist die Welt noch in Ordnung.

Camerella

Es war einmal ein Königreich, in dem verbreitete sich eine unfassbar große Neuigkeit. Der König lud zu einem Ball ein, und es sollte der größte Ball im Lande werden, voller Tanz und Lustbarkeiten. Er wurde Wilderness-Festival genannt, und Groove Armada war der Headliner. Alle waren eingeladen.

Nun ja, alle außer David Cameron. Er wäre zu gern zum Ball gegangen, aber seine böse Stiefmutter erlaubte es ihm nicht und sagte, er könne nirgendwo hingehen, bevor er nicht das Chaos beseitigt hätte. So verbrachte er also seine Tage damit, verdrießlich aus dem Fenster seiner völlig überteuerten Schäferhütte zu starren und seinen unerfüllten Träumen nachzuhängen. Oh, was würde er alles tun, wenn er doch nur zum Wilderness-Festival dürfte! Er würde Bier trinken. Er würde Zigaretten rauchen. Er würde sich mit einem hübschen Anorak herausputzen und einfach ein bisschen rumlaufen und Mitleid erregen.

Aber stattdessen musste er in seiner Hütte bleiben. Als der Tag des Balls gekommen war, sah David Cameron zu, wie seine böse Stiefmutter, seine bösen Stiefschwestern und seine Frau Samantha ihre allerschönsten Kleider schnürten, ihre Barbourjacken anzogen und in einem Fuhrpark von goldenen Kutschen zum Festival aufbrachen.

»Auf Wiedersehen!«, rief er ihnen nach. »Amüsiert euch gut!« Aber niemand antwortete ihm, nur seine Stiefmutter brüllte: »Beseitige das Chaos!«

David Cameron ließ sich in seinen Sessel plumpsen, umgeben von Post-it-Zetteln mit abgelehnten Titelvorschlägen für seine Memoiren wie »Es war nicht meine Schuld« oder »Ich will einfach mal wieder raus«, und er seufzte. »Ich wünschte, ich könnte auch zum Wilderness-Festival.«

Und da – plopp – erschien in einer kleinen Rauchwolke eine gute Fee.

»Du hast mich gerufen?«, fragte die gute Fee.

»Wohl kaum«, erwiderte David Cameron. »Wer bist du?«

»Na, deine gute Fee natürlich«, antwortete die gute Fee. »Ich bin hier, um dir einen Herzenswunsch zu erfüllen! Hey, 'nen schicken Schuppen hast du hier.«

»Es ist genau genommen eine Schäferhütte«, erwiderte David Cameron. »Aber trotzdem danke. Es ist nur irgendwie blöd, dass sie so ein treffendes Bild für die goldene Isolation ist, die ich mir eingebrockt habe, als ich vor all den Jahren das Referendum ausrief, aber irgendeine Kröte muss man wohl immer schlucken, ha, ha.«

Die gute Fee hatte all ihr Lebtag nicht ein solches Lachen gehört. Es klang unglaublich traurig, wie ein eingestürztes Zirkuszelt. Sie war so verstört, dass sie sich sofort bemühte, das Thema zu wechseln.

»Was ist das eigentlich für eine Farbe?«, fragte sie und deutete vage auf die Wände.

»Clunch«, erwiderte David Cameron. »Das ist ein Farbton von Farrow & Ball. Kann man sich im Internet ansehen.«

»Wie bitte?«, fragte die gute Fee.

»Clunch«, wiederholte David Cameron. »Ein Farbton von Farrow & Ball.«

»Seltsam«, sagte die gute Fee. »Aber nun musst du mir sagen, welchen Wunsch ich dir erfüllen soll.«

David Cameron schluckte. Das war der entscheidende Moment. Jetzt würde er endlich alles bekommen, was er sich je gewünscht hatte.

»Ich möchte gern zum Wilderness-Festival«, sagte er lächelnd.

Die gute Fee sah verwirrt aus. »Äh, wie bitte?«, stammelte sie.

»Das Wilderness-Festival«, erwiderte er. »Ich

wünsche mir eine Karte für das Wilderness-Festival, bitte.«

»Das ist dein Wunsch?«

»Ja, das ist mein Wunsch.«

»Du willst nicht die Zeit zurückdrehen und deine Entscheidung für das Referendum rückgängig machen?«

David Cameron erstarrte. Daran hatte er gar nicht gedacht. Vielleicht hatte sie nicht ganz unrecht. Wenn er sich wünschte, die Zeit zurückzudrehen, könnte er eine härtere Linie gegen den euroskeptischen Flügel der Konservativen vertreten und damit nicht nur das Referendum verhindern, sondern auch das Brexit-Chaos und Großbritanniens langsames, aber unumkehrbares Abrutschen in die internationale Bedeutungslosigkeit.

»Nö«, sagte er nach einer kurzen Pause. »Eine Karte für das Festival, bitte.«

Die gute Fee schäumte vor Wut. Schließlich war sie nur deswegen zu David Cameron gekommen, um ihm eine letzte Chance zu geben, seinen ruinierten Ruf wiederherzustellen. Aber nein, er versaubeutelte alles, nur um dabei zu sein, wenn Tom Odell vor einem Haufen desinteressierter Snobs auftrat. Sie konnte nicht zulassen, dass er seine große Chance vergab. Sie musste sich etwas ausdenken, um diese chaotische Situation zu retten.

»Stimmen wir ab«, sagte sie.

»Was?«, flüsterte David Cameron entsetzt.

»Eine Abstimmung!«, sagte die gute Fee. »Das ist eine geniale Idee!«

Und so lud die gute Fee hundert Feenfreundinnen in die Hütte ein, die sich ihre und Camerons Argumente anhören sollten – für einen Verbleib in der Hütte oder für den Austritt zum Festival –, um dann über die Sache zu entscheiden.

Eine nach der anderen ploppte herbei, und David Cameron begann mit seiner Rede. Er erklärte, dass er beim Festival in der Wildnis all seinen Lieblingshobbys frönen könnte: Zigaretten rauchen, Bier trinken und mit leicht betretener Miene ironische Selfies mit Leuten aufnehmen, die aus ihrer Abneigung gegen ihn keinen Hehl machen. Er druckte Bierdeckel, auf denen die Vorteile des Wilderness-Festivals angepriesen wurden. Er dachte sich wilde Versprechungen aus und malte sie auf die Seite eines Busses. Als er fertig war, entstand ein unbehagliches Schweigen.

Dann war die gute Fee an der Reihe. Sie gab sich viel weniger Mühe mit ihrer Argumentation, denn sie sprach ja zu ihresgleichen, und garantiert wäre keine der guten Feen so blöd, Cameron den ganzen Quatsch abzukaufen.

Schließlich wurde abgestimmt. Die Feen steckten

ein paar Minuten die Köpfe zusammen, dann trat die Vorsitzende nach vorn.

»Die guten Feen haben eine Entscheidung getroffen«, erklärte sie. »Das Abstimmungsergebnis lautet achtundvierzig für die Zeitreise und zweiundfünfzig für die Wildnis.«

»Gewonnen!«, rief David Cameron und machte eine Siegerfaust wie ein Börsenmakler auf dem Tennisplatz.

»Moment, Moment«, stammelte die gute Fee. »Ist euch wirklich allen klar, welche Konsequenzen diese Abstimmung hat?«

»Ja, natürlich ist ihnen das klar«, frohlockte David Cameron. »Und jetzt her mit meinem Festivalticket.«

Die gute Fee überlegte eine Weile und kam dann zu dem Schluss, dass es für sie nur eine einzige logische Entscheidung gab.

»Ich trete zurück«, sagte sie.

David Cameron war entsetzt. »Du kannst nicht zurücktreten! Nicht, ohne mir mein Ticket zu geben! Diese ganze Abstimmung war doch deine Idee! Nur weil du die Wählerschaft in deinem Wahlkampf nicht ernst genommen hast, kannst du noch lange nicht ungeschoren davonkommen und alle anderen in deinem Chaos zurück ... Ach so, okay, jetzt verstehe ich, was los ist. Na gut, dann geht das in Ordnung.«

Und mir nichts, dir nichts – plopp – verschwand die gute Fee wieder in einer kleinen Rauchwolke.

David Cameron sah die zweiundfünfzig guten Feen an, die in seinem Sinne gestimmt hatten. Ein Hoffnungsschimmer blitzte in seinen Augen auf. »Wer von euch löst euer Versprechen ein und schickt mich in die Wildnis?«, fragte er.

Zwei gute Feen drängelten sich von hinten durch die Gruppe nach vorne. Es waren Theresa May und David Davis.

»Das übernehmen wir!«, riefen sie.

»Ach du Scheiße«, murmelte David Cameron.

Der Facefänger von Hameln

Es war einmal ein Städtchen namens Hameln, das litt unter einer schrecklichen Plage. Es lebten nämlich unter den Bewohnern der Stadt Rassisten, Heuchler und Lügner sonder Zahl, doch wusste niemand, wer sie waren. Die Bürger der Stadt waren außer sich vor Sorge, ein jeder fürchtete, sein Nachbar könne insgeheim ein Faschist sein, und der Bürgermeister wusste auch nicht mehr weiter.

»Wenn man diese unliebsamen Elemente doch nur irgendwie ausrotten könnte«, rief er. Aber das war nicht möglich.

Der Bürgermeister hatte wahrlich alles versucht. Er hatte die Stadtbewohner rundheraus gefragt, wer von ihnen ein Rassist sei, aber das hatte nur die brave Mehrheit erzürnt. Er hatte es mit einem privaten Schulungszentrum versucht, damit die heimlichen Heuchler von ihren Vorurteilen abließen, aber auch das hatte keinen Erfolg gehabt.

Drohungen hatten nicht funktioniert. Bestechung

hatte nicht funktioniert. Der Bürgermeister wusste sich keinen Rat mehr.

Da trug es sich zu, dass mit großem Lärm und Getöse ein wunderlicher Mann in die Stadt kam. »Hat hier jemand was von heimlichen Rassisten gesagt?«, fragte er.

Der Bürgermeister betrachtete den drolligen Burschen. Er hatte einen viel zu großen Kopf und trug ein unglaublich langweiliges graues T-Shirt. Obendrein sah er aus, als sei er noch nie einem echten Menschen begegnet. Der Bürgermeister wurde neugierig. »Was geht Euch das an, Fremder?«, fragte er den Mann. »Wer seid Ihr?«

»Ich heiße Mark Zuckerberg«, sprach der Mann, »und ich habe etwas erfunden, das all Eure Probleme lösen wird.«

Er zog den Reißverschluss seiner Reisetasche auf und nahm eine lange Metallpfeife heraus. »Seht nur!«, rief er. »Das ist die Faceflöte! Sobald ich auf diesem wundersamen Instrument spiele, sind die bösen Menschen in Eurer Stadt machtlos gegen meine Melodei. Sie erliegen dem Zauber meiner fabelhaften Faceflöte und zeigen sogleich ihr wahres Gesicht.«

Der Bürgermeister war noch argwöhnisch und sprach: »Fremder, diese Faceflöte scheint fürwahr fantastisch zu sein. Aber unsere Stadt ist arm, wir haben kein Geld, Euch zu entlohnen.«

»Ich bringe Euch eine freudige Botschaft!«, sprach der Fremde. »Meine Faceflöte ist kostenlos! Für meine Dienste verlange ich lediglich, dass jeder Bürger Eurer Stadt mir seinen Namen, sein Geschlecht, sein Geburtsdatum, seine E-Mail-Adresse und sechs bis zehn seiner Hauptinteressen mitteilt.«

Abermals zögerte der Bürgermeister. »Guter Mann«, rief er aus, »wir legen hier großen Wert auf Datenschutz, und es behagt uns nicht, solche Informationen einem Fremden preiszugeben.«

»Jetzt stellt Euch nicht so an«, sagte der Fremde. »Sehe ich etwa aus, als könnte man mir nicht trauen?«

»Nein«, sagte der Bürgermeister und behielt lieber für sich, dass er aussah wie ein vom Blitz getroffener Androide mit Betriebsstörung.

»Prima«, sagte der Fremde. »Dann fang ich mal an.«

Und so wandelte er durch die Gassen und spielte auf seiner Flöte eine gespenstische Melodie. Und wie er so an den Fenstern vorbeizog, konnte nicht einer der bigotten Heuchler in der Stadt ihrer Macht widerstehen. Sobald sie die Zauberklänge hörten, stürzten sie aus ihren Häusern und platzten mit all dem unerträglichen Mist heraus, den sie eigentlich partout verschweigen wollten.

»Das Boot ist voll!«, schrie ein Mann, der dem Fremden hinterherjagte.

»Ich habe ja nichts gegen Muslime, aber warum steht hier eine Moschee?«, brüllte ein anderer.

Der Fremde wanderte kreuz und quer durch alle Straßen und Gassen der Stadt.

»IHR HABT VERLOREN, HÖRT ENDLICH AUF ZU HEULEN!«, kreischte eine Frau und reihte sich in den Pulk ein.

»ICH HABE MICH ALS KLEINES MÄD-CHEN NOCH ALS NEGERIN VERKLEIDET, ABER HEUTE GEHT DAS JA NICHT MEHR, KEIN WUNDER, DASS UNSER LAND DEN BACH RUNTERGEHT!«, schrie eine andere.

»MAKE AMERICA GREAT AGAIN«, brüllte eine dritte.

Bald schon hatte die Faceflöte alle garstigen Bürger der Stadt dazu gebracht, ihre geschmacklosen Gedanken laut herauszuposaunen. Sie rotteten sich zu einer riesigen, wütenden Menschenmenge zusammen und murmelten vor sich hin, dass Enoch Powell eben doch recht gehabt hatte.

Der Fremde führte die Menge zu einer Höhle, und während er weiter auf seiner Flöte spielte, spazierten die bigotten Heuchler einer nach dem anderen aus freien Stücken hinein. Als der Letzte in der Höhle verschwunden war, hörte der Fremde auf zu spielen und rollte einen großen Felsbrocken vor den Eingang. Endlich war die Stadt ihre Plage los.

Der Bürgermeister war außer sich vor Freude. »Ich danke Euch, ich danke Euch!«, rief er dem Fremden zu. »Eure Faceflöte ist wahrlich ein Wunderding. Endlich können wir wieder stolz auf unsere Stadt sein.«

»Wenn's weiter nichts ist«, sagte der Fremde. »Doch nun verlange ich meinen vereinbarten Lohn. Gebt mir die Daten, die Ihr mir versprochen habt.«

»Äh, na ja, das ist so«, stammelte der Bürgermeister. »Wir haben da noch mal ein bisschen drüber nachgedacht, und eigentlich finden wir das nicht so richtig gut, diese ganzen persönlichen Daten einfach rauszugeben.«

Der Fremde wurde wütend. »Dann hat sich der Preis soeben erhöht«, knurrte er. »Jetzt verlange ich von euch allen Namen, Geschlecht, Geburtsdatum, E-Mail-Adresse, Interessen und dazu noch eine ständig aktualisierte Liste aller Dinge, die ihr jemals begehrt habt.«

»Das ist ja Wahnsinn!«, protestierte der Bürgermeister. »Kein vernünftiger Mensch würde jemals zustimmen …«

»Alle anderen haben schon zugestimmt!«, rief der Fremde. »Und weil Ihr mir meinen Lohn nicht zugestehen wollt, werdet Ihr einen hohen Preis zahlen! Wahrlich, einen SEHR hohen Preis!«

Abermals nahm der Fremde die Faceflöte und begann zu spielen. Doch dieses Mal klang seine Weise düster und schleppend.

»Was soll das denn jetzt?«, sagte der Bürgermeister. »Ihr habt uns von den Rassisten befreit, was wollt Ihr denn ...«

Da zerstörte die Faceflöte mir nichts, dir nichts die Zeitungsindustrie der Stadt.

»Stopp! Aufhören!«, rief der Bürgermeister.

Aber der Fremde dachte gar nicht daran aufzuhören. Er spielte so lange weiter, bis auch die Anzeigenblätter und die Grußkartenindustrie eingegangen waren.

»Bitte! Genug! Habt Erbarmen!«, schrie der Bürgermeister.

Aber der Fremde hörte nicht auf ihn. Er spielte weiter, bis alle Bürger der Stadt eine generalisierte Angststörung bekamen, weil ihre Freunde und Verwandten ein glücklicheres und aufregenderes Leben zu führen schienen als sie selbst.

»Wir dachten, Eure Flöte sei zu Gutem geschaffen worden!«, schluchzte der Bürgermeister. »Aber jetzt erkennen wir, dass sie ein Instrument des Bösen ist.«

Der Fremde indessen spielte weiter. Er spielte so eindringlich, dass seine Melodie für jeden einzelnen Bürger einen hyperpersonalisierten Newsfeed generierte, der so lange unauffällig die bestehenden Meinungen der Leute verstärkte und alle gegenteiligen Ansichten unterdrückte, bis nicht der geringste vernünftige Konsens in der politischen Mitte mehr möglich war und nur noch zwei sich ständig bekämpfende Randgruppen übrig blieben. Der Bürgermeister wurde gefeuert. Donald Trump wurde als Nachfolger gewählt. Es war eine Katastrophe.

Aber dann geschah ein Wunder. Ganz aus eigenem Antrieb befreite sich ein Bürger nach dem anderen aus dem Bann der Faceflöte. Es passierte nicht mit einem Paukenschlag. Niemand kam zu Tode. Alle hatten einfach irgendwie nicht mehr so richtig Bock auf Faceflöte, genau wie sie früher nicht mehr so richtig Bock auf MyFlöte, Flötester und FlötenVZ gehabt hatten.

Schon bald hatte der Fremde die Macht über die Stadt fast ganz verloren. Er floh wie ein geprügelter Hund, und die Bürger sahen einander endlich wieder als das, was sie wirklich waren: Menschen aus Fleisch und Blut und nicht ein Haufen überspitzter digitaler Meinungen. Es entstand eine Gemeinschaft. Verhärtete Fronten lösten sich auf. Nach und nach wurde Hameln wieder eine normale Stadt.

Drei Monate später tauchte ein anderer Fremder auf. »Hi!«, rief er. »Ich heiße @Jack und ich zeige euch die Zauberkraft meines Twitter-Kazoo! Man muss nur einmal hineinblasen und schon ...«

Da fesselten ihn die Bürger der Stadt und warfen ihn in einen See, und wenn sie nicht gestorben sind, dann leben sie noch heute.

Bojolöckchen und die drei Bären

Es waren einmal drei Bären, die lebten zusammen in einem kleinen Häuschen mitten im Walde: Vater Bär, Mutter Bär und ein kleines Bärenkind. Eines Morgens kochte Mutter Bär für ihre Familie einen köstlichen Brei und füllte ihn in drei Schüsselchen. Aber der Brei war zu heiß, und so gingen die Bären spazieren, während er abkühlte.

Als die Bärenfamilie nach ein paar Stunden zurückkehrte, stand ihre Haustür offen. »Komisch«, dachte Mutter Bär, »ich könnte schwören, dass ich die Tür abgeschlossen habe.«

Die Bären setzten sich an den Küchentisch, um ihren Brei zu essen. Vater Bär blickte mit finsterer Miene auf seine Schüssel. »Jemand hat von meinem Brei gegessen!«, brummte er.

Mutter Bär blickte ebenso auf ihre Schüssel. »Jemand hat von meinem Brei gegessen!«, brummte sie.

Da blickte auch das kleine Bärenkind auf seine

Schüssel. »Jemand hat von meinem Brei gegessen und alles aufgefuttert!«, rief es.

Verärgert gingen die drei Bären ins Wohnzimmer, wo sie noch eine unangenehme Entdeckung machten. »Jemand hat auf meinem Stuhl gesessen«, grummelte Vater Bär.

»Jemand hat auf meinem Stuhl gesessen«, grummelte auch Mutter Bär.

Der Blick des kleinen Bärenkinds fiel auf einen Haufen zersplitterter Holzstücke. »Jemand hat auf meinem Stuhl gesessen und ihn total geschrottet«, schluchzte es.

Vater Bär fletschte wütend die Zähne. »Ich glaube, wir haben einen Eindringling im Haus«, knurrte er. »Ich vermute mal, dass er gerade gemütlich in einem unserer Betten schläft, wir müssen also ganz leise und vorsichtig nach oben schleichen und …«

In diesem Moment bretterte plötzlich ein großes Etwas mit Karacho die Treppe herunter. Es war wahrlich ein eigentümliches Wesen: Es sah aus wie eine aus Resten eines Sperrmüllsofas zusammengeklebte Puppe, gekrönt mit einer absonderlichen blonden Perücke.

Das Wesen hechtete um die Kurve am Fuß der Treppe und pflügte in vollem Lauf das kleine Bärenkind um, das ausgeknockt zu Boden ging. »Hey!

Was soll das?«, rief das Bärenkind. »Ich bin doch viel kleiner als du.«

»Sorry, Kumpel«, blubberte das Wesen wie eine in Pimm's ersaufende Kröte. »Macht der Gewohnheit, fürchte ich.«

Vater Bär war außer sich. »Also hören Sie mal, für wen halten Sie sich denn?«

»Na, für Boris Johnson natürlich«, erwiderte das Wesen. »Ich dachte, das wäre nicht zu übersehen.«

»Sie haben unseren ganzen Brei aufgegessen!«, rief Mutter Bär vorwurfsvoll.

»Ah, ja, der Brei!« Boris Johnson räusperte sich. »Eine famose kulinarische Erfindung von uns Briten. Ein vollfettes, dich aus den Startlöchern katapultierendes, hochwertiges und ballaststoffreiches Ist-es-zu-stark-bist-du-zu-schwach-Meisterwerk von einem Frühstück. Ich glaube, sogar Winston Churchill hat mal gesagt, dass Brei ...«

Während Boris Johnson in einer wirren, offensichtlich aus dem Stegreif gehaltenen Rede die Vorzüge des Frühstücksbreis rühmte, sagte das kleine Bärenkind zu seinen Eltern: »Er redet und redet, aber sagen tut er eigentlich nichts.«

Vater Bär sah den irritierten Blick seines Kindes. »Keine Sorge, mein Kleiner, ich kümmere mich drum«, brummte er. Dann stürzte er sich auf Boris Johnson und drückte ihn an die Wand.

»WARUM HABEN SIE UNSEREN BREI AUFGEGESSEN?«, brüllte er.

»Brei? Was? Ich? Nein, nein, alter Knabe, da irrst du dich. Fürchterliches Zeug. Würde ich nie anrühren«, stammelte Boris Johnson.

»Sie haben es gerade eben ein Meisterwerk genannt«, rief Mutter Bär.

»Ja, irgendwie schon, oder?«, gab Boris Johnson zu.

»Was davon stimmt denn jetzt?«, fragte das kleine Bärenkind. »Finden Sie Brei fürchterlich oder ein Meisterwerk? Was ist Ihre ehrliche Meinung?«

»Kommt darauf an. Welche Antwort bringt mich denn am schnellsten aus dem Schlamassel hier raus?«, fragte Boris Johnson.

»Dieser Typ hat wirklich nicht das kleinste bisschen Rückgrat«, flüsterte das Bärenkind seiner Mutter zu.

»Ach, ich weiß nicht«, erwiderte Mutter Bär. »Ich finde ihn irgendwie ganz charmant.«

Aber Vater Bär gefiel Boris Johnsons Antwort nicht. Er hielt ihn weiter an die Wand gedrückt und erklärte ihm so ruhig wie möglich, dass er ein vernünftiger und toleranter Bär sei und dass er als solcher Boris Johnson zehn Sekunden Zeit gebe, um aus seinem Haus zu verschwinden.

»Hört mal«, fing Boris Johnson an. »Bevor ich

gehe, sollte ich euch vielleicht noch ein paar Veränderungen erläutern, die ich in eurer Abwesenheit hier vorgenommen habe. Das geht ratzfatz, wie die Kids heutzutage sagen.«

»Veränderungen?«, knurrte Vater Bär. »Was für Veränderungen?«

Boris Johnson schluckte. »Na ja, ich habe euer Auto durch ein neueres Modell ersetzt«, stammelte er.

»Sie haben WAS?«, brüllte Vater Bär.

Boris erklärte, dass das alte Auto der Bärenfamilie zwar technisch gesehen nicht kaputt gewesen sei – im Gegenteil, es galt sogar als eine Art Designklassiker –, aber dass es den Anforderungen des modernen Waldes eigentlich nicht mehr genüge. »Und deshalb habe ich euch das hier besorgt«, sagte Boris Johnson und zeigte auf ein Ding vor dem Haus, das auf den ersten Blick ganz genauso wie das alte Auto aussah, außer dass es ein merkwürdig schräges Fenster hatte. »Ist das nicht schick?«

»Wie macht man das Fenster da auf?«, wollte Mutter Bär wissen.

»Gar nicht«, sagte Boris Johnson.

»Hat der Wagen denn eine Klimaanlage?«, fragte Mutter Bär.

»Eigentlich nicht«, erwiderte Boris Johnson.

»Und was machen wir, wenn es heiß ist?«, fragte Mutter Bär.

»Dann schwitzt ihr euch in eurem Pelz zu Tode«, vermute ich mal«, sagte Boris Johnson. Als er spürte, dass eine gewisse Unzufriedenheit aufkam, fügte er schnell hinzu: »Ach, und dann habe ich euch noch eine neue Haustür gekauft.«

»Sie haben unsere Haustür ausgewechselt?«, fragte das kleine Bärenkind.

»Nein, das habe ich nicht gesagt«, erwiderte Boris Johnson. »Dies ist eine wunderbare, funkelnagelneue Zusatzhaustür, die direkt neben eurer bisherigen Tür eingebaut wurde.«

»Aber eine Tür reicht uns vollkommen«, sagte Vater Bär.

Boris Johnson ließ sich nicht beirren. »Es ist eine Gartentür«, wandte er ein. »Sie ist wunderschön. Joanna Lumley hat sie mir empfohlen. Alle eure Nachbarn werden euch darum beneiden. Und sie kostet euch auch nur 53 Millionen Pfund.«

»WIE BITTE?«, brüllte Vater Bär. »Für eine vollkommen überflüssige Tür?«

»Ach, und eine allerletzte Kleinigkeit noch«, sagte Boris Johnson. »Ich habe in allen Geschäften in eurer Umgebung Bescheid gesagt, dass ihr dort ab sofort nicht mehr einkauft.«

»Echt jetzt?«, rief das kleine Bärenkind. »Warum das denn?«

»Also wirklich«, stimmte Mutter Bär zu. »Das andere Zeug war wenigstens noch irgendwie auf nette Art abgedreht. Aber das ist kompletter Schwachsinn.«

»Ihr braucht die anderen im Dorf nicht!«, schrie Boris Johnson. »Das hier ist eine heldenhafte, fantastische Hütte, die auf eine lange Tradition stolzer Unabhängigkeit zurückblicken kann. Alles, was diese Hütte braucht, ist der Glaube an sich selbst! Der Glaube an eine erfolgreiche Zukunft! Eine herrliche Zukunft! Eine Nichts-geht-über-Bärenmarke-Zukunft!«

»Aber wir müssen Brei kaufen«, sagte Mutter Bär.

»Und einen neuen Stuhl, weil du meinen mit deinem Arsch plattgesessen hast«, sagte das kleine Bärenkind.

Aber Boris Johnson hörte gar nicht mehr zu. Er war viel zu sehr damit beschäftigt, einen fast vergessenen alten Werbeslogan nach dem anderen rauszuhauen, anstatt irgendetwas Substanzielles zu sagen. Deshalb blieb den Bären nichts anderes übrig, als Boris Johnson aufzufressen.

Der Wind und die Sonne

Zweiter Teil

R evanche?«
Es war schon zweitausend Jahre her, dass der
Wind seine Wette gegen die Sonne verloren hatte,
aber er hatte es immer noch nicht verwunden. Jedes Mal, wenn er diese blöde, hochnäsige Sonne sah,
musste er an seine schmerzliche Niederlage denken.
Dabei hatte die Sonne garantiert geschummelt.

Die Regeln der Wette, daran erinnerte er die
Sonne immer wieder, waren ganz simpel gewesen.
Sie wollten herausfinden, wer von beiden der Stärkere war und einen Wanderer, der zufällig des Weges kam, zuerst dazu bringen konnte, seinen Mantel
abzulegen. Der Wind hatte geblasen und gestürmt,
aber mit jedem Windstoß hatte der Wanderer sich
nur noch fester in seinen Mantel gehüllt. Und dann
hatte die Sonne – diese miese, nichtsnutzige Sonne –
nur ein wenig gelächelt und hatte durch ihre Wärme
den Wanderer dazu gebracht, ganz von selbst den
Mantel abzulegen. Der Wind fand, dass die Sonne

damit nicht die Wette gewonnen, sondern schlicht und einfach ihren Kumpel mit einem hinterfotzigen Trick übers Ohr gehauen hatte.

»Revanche?«, wiederholte er.

»Mein lieber Junge, das bringt doch nichts«, erwiderte die Sonne. »Es war ja nicht einfach nur eine Wette. Es war eine Lektion, nicht nur für dich, sondern für die ganze Welt. Nicht alles lässt sich mit roher Gewalt erreichen. Wenn man die Menschen wirklich zu etwas bewegen will, kommt man nur mit Freundlichkeit ans Ziel. Ich dachte, das wäre klar geworden.«

»Gut, dann hast du ja nichts zu verlieren«, versuchte der Wind sie zu überreden. »Wir wetten noch mal, du gewinnst noch mal, und ich muss mich wieder ein paar Jahrtausende damit abfinden.«

»Meinetwegen«, seufzte die Sonne. Sie fand eigentlich nicht, dass sie irgendwem etwas beweisen müsste, aber es war Winter und sie langweilte sich, und zumindest würde es Spaß machen, auf dem Selbstwertgefühl eines Freundes herumzutrampeln.

Der Wind und die Sonne hockten sich zusammen und hielten nach einem geeigneten Kandidaten für ihre neue Wette Ausschau. Nach einer Weile entdeckten sie jemanden: ein lächerliches Würmchen von einer Frau, eine armselige kleine Sterbliche, die unten auf der Erde mit drei vollgepackten Einkaufstüten durch eine ruhige Seitenstraße ging. Sie war klein, sie war fehlbar und – das war das Wichtigste – sie hatte den Reißverschluss ihres Anoraks bis unters Kinn hochgezogen.

»Ich weiß wirklich nicht, warum wir das Ganze noch mal machen müssen«, seufzte die Sonne, »aber dieses Mal will ich wenigstens anfangen. Also, pass auf. Es wird nicht lange dauern.«

Mit freundlichem Strahlen blickte die Sonne auf die Frau hinunter. Es wurde wärmer, und die Frau verlangsamte ihren Schritt. Schließlich blieb sie stehen und stellte die Einkaufstüten auf dem Gehweg ab.

»Siehst du?«, sagte die Sonne schnippisch. »Ein Kinderspiel. Und jetzt hören wir bitte ein für alle Mal damit auf.«

»Warte mal kurz«, sagte der Wind. »Was macht sie denn da?«

Die beiden sahen zu der Frau hinunter. Zu ihrem Erstaunen musste die Sonne feststellen, dass die Frau ihre Einkaufstüten nicht abgestellt hatte, um sich den Mantel auszuziehen. Stattdessen griff sie in die Tasche und zog ihr Handy heraus.

Die Sonne machte ein verdutztes Gesicht. Was war denn da los? Beim letzten Mal hatte es doch einwandfrei geklappt. Aber sie ließ sich nicht ins Bockshorn jagen und lachte noch ein bisschen mehr, und ihre Strahlen wurden noch ein bisschen wärmer.

Immer noch nichts. Der Wind und die Sonne starrten die Frau an und fragten sich, wo das Problem lag. Vielleicht, so überlegten sie, war sie irgendwie entstellt und wollte deshalb in der Öffentlichkeit ihren Mantel nicht ablegen? Hatten sie es gar mit einer Ladendiebin zu tun, die ihre Beute in ihrer Oberbekleidung versteckte? Oder war sie einfach nur ein Mantel-Freak? Wer wusste das schon?

Die Frau öffnete eine Wetter-App auf ihrem Handy.

»Gleich hab ich dich«, sagte die Sonne und lachte ihr wärmstes Lachen. Sie presste die Zähne aufeinander und grinste so breit, dass ihre Wangen schmerzten und eine Ader pulsierend auf ihrer Stirn hervortrat. Auf der Erde wurde es brütend heiß, aber die Frau war so sehr in ihr Handy vertieft, dass sie gar nicht auf die Idee kam, den Mantel auszuziehen.

»Was ist da los?«, fragte der Wind.

»Keine Ahnung«, knurrte die Sonne mit zusammengebissenen Zähnen. Das Wasser trat ihr in die Augen, so sehr strengte sie sich an, mild und freundlich zu lächeln.

Die Frau unten auf der Erde war verwirrt. »Es ist tiefster Winter«, dachte sie. »Gerade war das Wetter noch völlig normal, und jetzt ist es plötzlich der heißeste Tag des Jahres. Das ist doch total verrückt.«

Sie war nicht die Einzige, die so dachte. Einer nach dem anderen blieben die Leute stehen und checkten ihre Wetter-Apps. Sie warfen einander panische Blicke zu und waren so beunruhigt, dass sie überhaupt nicht auf die Idee kamen, die Mäntel auszuziehen.

»Oh Gott, geht es jetzt etwa los?«, schluchzte einer.

»Ja, es ist so weit!«, jammerte ein anderer. »Leute, geht nach Hause und nehmt eure Kinder in den Arm! Die Klimakatastrophe ist da! Wir sind alle verloren!«

Dann brach die Hölle los. Der Wind und die Sonne mussten mitansehen, wie Autos zusammenstießen und Menschen aus heiterem Himmel anfingen, sich zu prügeln. Die gesamte Weltbevölkerung rannte, weinte und schrie um ihr Leben, fest davon überzeugt, dass das sechste Massensterben gekommen war.

»Jetzt reicht's mir aber«, sagte der Wind. »Wenn du sie nicht dazu bringen kannst, den Mantel auszuziehen, mache ich es eben.«

Und der Wind blies. Der Wind blies. Mehr und immer mehr blies er. Er blies, bis das azurblaue Firmament grau wurde. Er blies, bis ihn die Wangen schmerzten. Aber die wilde Panik auf der Erde wurde dadurch nicht weniger. Ganz im Gegenteil.

»WAS IST HIER LOS?«, schrien die Menschen, verrückt vor Angst durch die jähen Wechsel extremer Wetterereignisse.

Der Wind gab nicht auf. Er blies, so stark er nur konnte, bis seine Stürme Bäume entwurzelten und Autos durch die Luft wirbelten. Erwartungsvoll sah er die Frau an, aber die hatte sich einfach nur in einen Hauseingang gedrückt und schrie in ihr Handy, um das Getöse zu übertönen.

»Mum! Mum!«, schrie sie. »Jetzt ist es aus! Es ist vorbei! Die Welt geht unter. Hätten wir doch nur aufgepasst! Hätten wir doch auf die Warnungen gehört, als wir noch Zeit hatten. Es ist alles unsere Schuld, Mum. Unsere Gier, unsere Dummheit, unsere schreckliche Konsumwut! Das war nicht nur ein Klimawandel, Mum! Das war Selbstmord!«

Der Wind und die Sonne sahen sich verdattert an.

»Sagen wir unentschieden?«, fragte die Sonne.

»Ja, scheiß drauf«, meinte der Wind. »Bierchen?«

»Okay«, seufzte die Sonne. »Aber das geht auf dich.«

Und damit hörte das fürchterliche Wetter auf der Erde nach und nach auf. Der Sturm verebbte. Die Hitze ließ nach. Bald war es wieder ein ganz normaler Wintertag. Die Frau sah verwundert in den Himmel hinauf.

»Wartet mal kurz«, schrie sie der Sonne und dem Wind hinterher. »Soll das heißen, all diese Wetterextreme, diese Dürren und Hochwasser und Tornados, die Eisschmelze an den Polkappen und das Aussterben der Tiere verdanken wir nur euch zwei Schwachköpfen und eurem Alphatier-Gehabe? Im Ernst? Es war gar nicht unsere Schuld?«

Sie packte einen Fremden an den Schultern. »Haben Sie das gehört? Wir konnten gar nichts dafür! Unsere Schuldgefühle waren vollkommen umsonst. Wir hätten ruhig weiter Plastikstrohhalme benutzen können. Ich hätte den ganzen Tofuscheiß gar nicht essen müssen! Unser Verhalten hat überhaupt keine negativen Konsequenzen! Wir sind frei! Frei!«

Und mit diesen Worten türmte die Frau Reifen, Wegwerfwindeln und Autobatterien zu einem riesigen Haufen auf und zündete ihn an. Als die Flammen emporloderten und giftige Rauchschwaden in die Atmosphäre waberten, vollführte die Frau einen Freudentanz.

Und wenn sie nicht gestorben sind, dann leben sie alle noch heute glücklich auf der Erde, besonders Greta Thunberg, die endlich wieder ein ganz normaler Teenager sein konnte.

Was machen die Leute in deiner Blase den ganzen Tag?

Es war einmal ein Land, in dem sollte eine Parlamentswahl stattfinden. Die Meinungsumfragen prognostizierten ein knappes Ergebnis, vielleicht würde sogar keines der Parteienbündnisse eine Mehrheit erreichen.

Aber Joshua, der Blumenhändler, wollte sicher sein, deshalb fragte er alle seine Freunde, wen sie wählen würden. Und das gaben sie ihm zur Antwort.

Henry, der Anwalt, sagte, er würde die nette Partei wählen.

Nigel, der Universitätsdozent, sagte, er würde die nette Partei wählen.

Ophelia, die Ärztin, sagte, sie würde die nette Partei wählen.

Jemima, die Online-Dokumentarfilmerin, sagte, sie würde die nette Partei wählen.

Ryan, der reiche Fernsehschauspieler, sagte, er würde die nette Partei wählen.

Oliver, der Kolumnist einer linken Tageszeitung, sagte, er würde die nette Partei wählen.

Harold, der für eine gemeinnützige Organisation Apps für Menschen mit Behinderung entwickelt, sagte, er würde die nette Partei wählen.

Kate, die im Verlagswesen arbeitet, sagte, sie würde die nette Partei wählen.

Sebastian, der eine kleine Bäckerei betreibt, sagte, er würde die nette Partei wählen.

Felicity, die vierfache Mutter und Unternehmerin, sagte, sie würde die nette Partei wählen.

Pia, die Airbnb-Superhost ist, sagte, sie würde die nette Partei wählen.

Verity, die kleine Elfen aus recyceltem Karostoff auf Etsy verkauft, sagte, sie würde die nette Partei wählen.

Lizzy, die antirassistische Podcasterin, sagte, sie würde die nette Partei wählen.

Will, der unabhängige Buchhändler, sagte, er würde die nette Partei wählen.

Daniel, der Kabarettist in einer Panel-Show, sagte, er würde die nette Partei wählen.

Richard, dessen Hilfsorganisation Pferdestreicheltherapien für Angstpatienten anbietet, sagte, er würde die nette Partei wählen.

Lance, der Upcycler, sagte, er würde die nette Partei wählen.

Fabian, der Deliveroo-Fahrer, sagte, er würde die nette Partei wählen.

Johan, der Live-Blogger, sagte, er würde die nette Partei wählen.

Valentina, die einen Abo-Versand für Schmuck-Gürtelschnallen hat, sagte, sie würde die nette Partei wählen.

Kevin, der auf dem Bauernmarkt Honig aus eigener Imkerei verkauft, sagte, er würde die nette Partei wählen.

Bryony, die ihren Lebensunterhalt mit dem Besänftigen überreizter Maulwürfe verdient, sagte, sie würde die nette Partei wählen.

Zane, der Instagram-Influencer, sagte, er würde die nette Partei wählen.

Maxwell, der Bartöl-Impresario, sagte, er würde die nette Partei wählen.

Fabio, der satirische Hochzeits-DJ, sagte, er würde die nette Partei wählen.

Barney, der in einem Pop-up-Restaurant in einer abbruchreifen ehemaligen Klebstofffabrik teure Gerichte aus Innereien anbietet, sagte, er würde die nette Partei wählen.

Camille, die gebrauchte Tampons recycelt und daraus Unterrichtsmaterial für Afrika herstellt, sagte, sie würde die nette Partei wählen.

Jason, der Juniorchef in der Grafikdesign-Agentur seines Vaters, sagte, er würde die nette Partei wählen.

Belinda, die einen Showroom für antike Posaunen besitzt, sagte, sie würde die nette Partei wählen.

Rachel, die bei einem Keks-Start-up arbeitet, sagte, sie würde die nette Partei wählen.

Jessica, die Online-Content-Vermittlerin, sagte, sie würde die nette Partei wählen.

Derek, der ironische Friseur, sagte, er würde die nette Partei wählen.

Penelope, die in einem leer stehenden Arbeiterklub vor gelangweilten Stammkunden in wechselnden Burlesque-Shows auftritt, sagte, sie würde die nette Partei wählen.

Tatsächlich sagten alle Freunde von Joshua, sie würden die nette Partei wählen.

Dann kam der Wahltag. Die nette Partei errang einen Kantersieg. Und wenn sie nicht gestorben sind, dann leben sie noch heute. Schließlich ist das hier ein Märchen.

Die Schneeflocke

E s war einmal eine Schneeflocke. Eine echte Schneeflocke, die in einer Wolke lebte.

Aus irgendeinem Grund wurde die Schneeflocke von allen gehasst. Eines Tages formulierte ein bekannter Zeitungskolumnist mittleren Alters seine Abneigung in einem Artikel mit dem Titel »Die Schneeflocke – Verkörperung aller Übel der heutigen Zeit«.

Das verstärkte die Gefühle der Menschen gegenüber der Schneeflocke. Auf Facebook häuften sich Kommentare von Leuten, die voller Wut ihre eigenen Probleme den vergleichsweise unbedeutenden Problemen der Schneeflocke entgegensetzten.

»Wir haben als Kinder noch draußen gespielt«, schrieben sie. »Unsere Eltern wussten nicht, wo wir waren, und es war ihnen auch egal. Wir haben nicht auf iPads gedaddelt, denn wir waren draußen und haben uns mit Stöcken die Köpfe eingeschlagen. Kann die Schneeflocke so etwas Tolles über ihre Kindheit sagen?«

Das konnte die Schneeflocke nicht, denn sie war eine Schneeflocke.

Bald wurde sie aus allen Richtungen attackiert. Im Frühstücksfernsehen sprach ein Moderator eines Morgens ganz unverblümt über seinen Fleischkonsum. »Ich liebe Steak«, grinste er großspurig und kaute schmatzend. »Aber du garantiert nicht, oder, Schneeflocke? Ich wette, Fleisch verletzt deine Gefühle.«

Aber die Schneeflocke hatte keine Meinung zu Fleisch, weil sie noch nie Fleisch gegessen hatte. Sie war eine Schneeflocke. Selbst wenn man ihr das allersaftigste Steak vorgesetzt hätte, hätte sie nicht die geringste Ahnung gehabt, wozu das gut sein sollte, weil sie kein Verdauungssystem hatte. Sie war eine Schneeflocke.

»Guck mich mal an«, rief ein dreiundsechzigjähriger Mann, der sich ganz bewusst in ein seltsam unspezifisches Sammelsurium aus asiatischen und afrikanischen Gewändern gekleidet hatte, um irgendeine obskure Message in Sachen Multikulti rüberzubringen. »Ich wette, das erträgst du nicht! Bestimmt hältst du es für kulturelle Aneignung, was, Schneeflocke?«

Aber die Schneeflocke antwortete nicht, denn sie verstand gar nicht, was kulturelle Aneignung sein sollte, und das lag daran, dass sie eben nur eine Flocke Schnee im Himmel war.

»Klatscht nicht zu laut!«, höhnte ein bissiger Satiriker, als er vor einem Publikum aus schallend lachenden Vätern auf die Bühne trat. »Das hier ist ein Safe Space. Wir wollen doch die arme Schneeflocke nicht triggern!«

Aber die Schneeflocke war gar nicht getriggert, weil sie eine Schneeflocke war. Sie war nicht mehr und nicht weniger als eine echte Schneeflocke. Ehrlich, ich begreife wirklich nicht, was daran so schwer zu verstehen ist. Sie war eine Schneeflocke.

»Du wirst dir nie ein Haus kaufen können, wenn du dein ganzes Geld für Toast mit Avocado ausgibst!«, schrien die Leute die Schneeflocke an.

»Ich habe es satt, wie du den braven Gutmenschen raushängen lässt!«, schrien die Leute die Schneeflocke an.

»Wenn es Krieg gibt, dann gnade uns Gott!«, schrien die Leute die Schneeflocke an.

Bald brüllten wütende Menschen auf der ganzen Welt ihren Hass hinaus, nur weil sie fälschlicherweise annahmen, die Schneeflocke sei ein fühlendes Wesen oder vielleicht sogar verantwortlich für einen gesellschaftlichen Fortschritt, der sie um ihren Platz in der Welt fürchten ließ. Die Menschen brüllten immer weiter, viele, viele Tage lang.

Da wurde die Schneeflocke zu einer Lawine und brachte alle um.

Planet Kondo

Es war einmal eine Frau, die hieß Marie Kondo. Mit ihrem radikalen Konzept einer minimalistischen Lebensweise war Marie zu einer Ikone der Millennials geworden. Sie verkündete, dass man alle Dinge, die keine »Glücksgefühle auslösen«, wenn man sie in die Hand nimmt, sofort wegschmeißen müsse. Auf diese Weise würde man sein Zuhause nach und nach von unnützem Krempel befreien und am Ende ein entspanntes und aufgeräumtes Leben führen, umgeben nur von seinen liebsten Besitztümern.

Das war eine wunderbare Idee, sie hatte nur einen einzigen Nachteil: Dank Marie Kondo schmissen alle Menschen auf der Welt genau zum selben Zeitpunkt neunzig Prozent ihrer Habseligkeiten weg.

Plötzlich türmten sich alte Strickjacken und Deckel von Tupperdosen auf den Straßen. Haufen von gesammelten Computerkabeln und Tassenwärmern mit USB-Anschluss verstopften die Müllhalden und Abfalldeponien. Kilometerhohe Flutwellen aus alten Weihnachtskarten und Digitalkameras und

Monchhichis, die jetzt irgendwie auch keine richtige Nostalgie mehr aufkommen ließen, schwappten durch die Landschaft.

Die Ozeane erstickten an einem Wust aus Raumduftstäbchen und unbenutzten Gardinenringen und Jeansjacken und Plastikbesteck und Kalendern von 2016 und Post-it-Zetteln und Happy-Meal-Spielzeugen und Klinkensteckern für iPhone-Kopfhörer und Schnellkochtöpfen und Smoothie-Mixern und einzelnen Socken und IKEA-Katalogen und bauchigen Vasen und Lego-Duplo-Steinen.

Unsere Wohnungen waren leer, aber die Umwelt war eine einzige Müllhalde. Kurz gesagt, der Planet war am Arsch.

Das Problem war so gravierend, dass diverse NGOs sich alle möglichen Lösungsvorschläge einfallen ließen. Die großen Modehäuser erklärten ethisch recycelte Kleidung zum neuesten Megatrend und brachten eine Kollektion von Jacken, Blusen und Hosen heraus, die aus Resten von Geschirrtüchern, Wimpelketten und ungeliebten Stoffpuppen zusammengenäht waren. Dieser Ansatz funktionierte zunächst ganz gut, ging aber bald nach hinten los, als die Leute zu Hause ihre neuen Klamotten in die Hand nahmen, feststellten, dass sie keine Glücksgefühle auslösten, und sie direkt wieder in den Müll schmissen.

Eine Wohltätigkeitsorganisation hatte die Idee, einige der weggeschmissenen Sachen an Obdachlose zu spenden, aber die Obdachlosen versicherten äußerst vehement, dass sie aufblasbare Sessel und Eimer voller abgeliebter Monchhichis so dringend brauchten wie ein Loch im Kopf.

Irgendwann trat Kevin Costner auf den Plan und erklärte, er hätte eine Müllfressmaschine entwickelt, aber das stellte sich als Mumpitz heraus. Der blaue Planet war dem Untergang geweiht.

Da hatten in letzter Sekunde ein paar NASA-Ingenieure eine Idee. Auf einer großen Pressekonferenz erklärten sie, dass die Erde nur gerettet werden könne, indem man sämtliche weggeschmissenen Dinge in ein gigantisches Netz stopfe, das dann von einer riesigen Rakete in den Weltraum gezogen würde. In sicherer Entfernung von unserem Sonnensystem würde man das Netz abkoppeln, und es würde als neuer Himmelskörper durchs Weltall schweben. Leider, so sagten sie, habe diese Methode mal wieder einen Haken: Man bräuchte einen Piloten für die Rakete, und dieser Pilot würde nicht wieder zur Erde zurückkehren. Es war ein Himmelfahrtskommando.

»麻里恵さんはこの宇宙船を操縦したいのです«, piepste eine leise Stimme in der letzten Reihe.

Alle drehten sich um, und da stand Marie Kondo höchstpersönlich. Getarnt mit einem Bart aus ge-

häkelten Klohüten hatte sie sich heimlich hereinge-
schlichen. »Marie möchte gerne diese Rakete steuern«, übersetzte ihre Dolmetscherin.

Stille breitete sich aus. Der NASA-Chef erklärte
noch einmal, dass der Einsatz einem Todesurteil
gleichkäme. Wenn sie den riesigen Müllsack ins
Weltall flöge, würde sie einsam und allein in der kal-
ten, nachtschwarzen Unendlichkeit des Universums
zugrunde gehen.

»片づけるのは麻里恵さんに決まっています«, erwiderte Marie Kondo. »彼女は散らかっているものが大
嫌いなんですよ«

»Marie möchte der Öffentlichkeit mitteilen, dass
sie diese Unordnung verursacht hat«, sagte die Dolmetscherin. »Und sie hasst nichts so sehr wie Unordnung.«

Somit stand die Entscheidung fest.

Und deshalb bestieg Marie Kondo drei Monate
später eine eigens angefertigte Rakete der NASA
mit einem angehängten Müllhaufen so groß wie ein
ganzes Gebirge. Eine riesige Verantwortung lastete
auf ihr. Sie hatte nur eine einzige Chance. Wenn es
nicht klappte, war alles verloren.

Es wurde totenstill. »Klar zum Countdown?«,
fragte eine Stimme in ihrem Helm.

»どうか嫌きなんですださいよ«, erwiderte Marie
Kondo.

Im Kontrollzentrum wandte sich der NASA-Chef an Maries Dolmetscherin. »Was hat sie gesagt?«, fragte er.

»Sie ... Sie bittet Sie darum, Glücksgefühle auszulösen«, erwiderte die Dolmetscherin mit tränenerstickter Stimme.

»Glücksgefühle ausgelöst«, flüsterte der NASA-Chef und drückte auf den Knopf.

Kondo sauste mit ihrer gigantischen Müllkugel hinauf in den Himmel. Sie schoss durch die Wolken und hinaus ins tiefschwarze Dunkel des Weltalls.

Aus Stunden wurden allmählich Tage und aus Tagen wurden Wochen, und immer noch raste Kondo durch die Galaxie. Als aus Wochen Monate wurden, begann sie, die Arbeit ihres ganzen Lebens ernsthaft zu hinterfragen. *Ist ein aufgeräumtes Zuhause es wert, dass man alles drumherum zerstört?*, fragte sie sich. *Wäre die Welt vielleicht besser dran, wenn die Menschen ein bisschen unordentlich blieben?* Kondo betrachtete die perfekt aufgeräumte, trostlose Leere des Weltalls, und ihr Spiegelbild starrte zurück.

Nach sechs Jahren im Weltraum fingen die Triebwerke von Kondos Rakete an zu stottern und erstarben schließlich. Sie warf die unfassbar langen Haare auf den Rücken – eine Schere hatte bei ihr leider keine Glücksgefühle ausgelöst, deshalb hatte sie keine dabei. Sie sah sich ein letztes Mal im Innern ihrer Rakete um und betrachtete mit einem Lächeln die zu ordentlichen Türmen aufgestapelten Fäkaliencontainer an der hinteren Wand. Zum letzten Mal schlüpfte sie in ihren Raumanzug, öffnete die Luftschleuse und schwebte hinaus in das unendliche Nichts. Nun war der Moment gekommen, das Netz mit dem Müll abzukoppeln.

Mit ihrem letzten Atemzug Sauerstoff trennte Kondo den Müll von der Rakete. Sie warf einen Blick zurück. Die Erde war Lichtjahre von ihr entfernt, aber es war tröstlich zu wissen, dass sie ihr Leben für die Rettung des Planeten geopfert hatte.

Als sie langsam das Bewusstsein verlor, hatte Marie Kondo das Gefühl, fest umfangen zu sein. Das kalte Dunkel des Weltalls wich einem warmen weißen Licht. Unendlicher Frieden erfüllte sie, ein Frieden, von dem sie ihr Leben lang geträumt hatte.

»ここは、もしかして天国ですか«, sagte sie staunend. »Bin ich im Himmel?«

Plötzlich schlingerte ein Außerirdischer in ihr Blickfeld. »Hey, Lady, ist das eine Baby Born?«, fragte er.

Marie Kondo blinzelte. Sie sah sich um, und plötzlich wurde ihr klar, was passiert war. Ein außerirdisches Raumschiff hatte genau im Moment ihres Todes neben ihr angehalten, sie an Bord gehievt und wiederbelebt. Sie sah den Außerirdischen misstrauisch an.

»Dieses Ding hier«, fragte der Außerirdische jetzt. »Ist das ein wiederverwendbarer Thronjubiläums-Stoffbeutel von Marks & Spencer?«

»Und das da?«, wollte ein anderer Außerirdischer wissen, der aus dem Fenster des Raumschiffs spähte. »Ist das eine iSight-Webcam? So eine suche ich schon, seit Apple FireWire nicht mehr unterstützt. Wie viel willst du dafür haben?«

»Ja, und ich nehme auch noch die paar leeren Quality-Street-Dosen da«, fügte der erste Außerirdische hinzu.

Da ging Marie Kondo ein Licht auf. Sie hatte soeben den ersten intergalaktischen Garagenflohmarkt erfunden. Nicht ein einziges Teil von dem Ramsch, den sie ins All geschleppt hatte, blieb übrig, alles wurde verkauft. Lächelnd erkannte Marie Kondo, dass selbst das nutzloseste Ding bei irgendwem Glücksgefühle auslösen konnte. Und wenn sie nicht gestorben sind, dann leben sie noch heute.

Gullivers Reise nach Margate

Mein Vater gehörte zur Elite unserer Hauptstadt, so wie sein Vater vor ihm. Mithin bestand mein Leben zuvörderst aus jenen Mühen, denen die meisten Menschen sich im Alltag gegenübersehen: die Samstagsausgabe des *Guardian* kaufen, in der die angekündigte Yotam-Ottolenghi-Beilage mit Sumach-Rezepten fehlt; auf dem Biomarkt im Ally Pally das Roggenbrot für fünfzehn Pfund kaufen müssen, weil das Sauerteigbrot für achtzehn Pfund schon ausverkauft ist; eine fürchterlich trockene Kehle haben, weil man allen erklären muss, warum man keinen Fernseher besitzt.

Im Unterschied jedoch zu meinem Vater und seinem Vater vor ihm verlangte es mich, die weite Welt zu sehen. In meinen Jugendjahren hatte man mir die mannigfaltigsten Legenden über exotische Länder jenseits der Grenzen unseres trauten Reichenviertels Crouch End erzählt, über entlegene Stätten wie Watford, Croydon oder Penge. Man sagte mir aber, es seien gefährliche und unzivilisierte Gegenden, in denen Schurken und Bösewichter ihr Unwesen trieben und Geschäfte »Alles muss raus« hießen. Außerhalb der Grenzen des Stadtbezirks N8 stieße man auf einen Morast schändlichster Barbarei, so sagte man mir, und ich nahm mir diese Warnungen zu Herzen.

Allein das Schicksal wollte es anders mit mir. Eines Frühlingstages erreichte mich das vortreffliche Anerbieten meines Freundes Dan, eines freiberuflichen Schuhdesigners, ihn auf eine lustige Groupon-Sightseeingtour auf der Themse zu begleiten, das ich mit Freuden annahm, denn wir würden uns auf dieser Fahrt in den traditionellen lustigen Groupon-Aktivitäten ergehen: über Negronis diskutieren, nicht ganz ausgegorene Bonmots über die neuesten Nachrichten twittern und uns heimlich über all jene lustig machen, die aussahen, als hätten sie tatsächlich Spaß.

Ich mag den Leser nicht mit allen unseren Abenteuern behelligen und will nur berichten, dass wir auf der Fahrt durch einen heftigen Sturm weit hinaus gen Dartford verschlagen wurden. Der Wind war so stark, dass das Schiff in den schäumenden Wassern zerbrach, und meine letzte Erinnerung an dieses grauenvolle Martyrium ist, dass ich mich in höchster Not an einem Stück Treibholz festklammerte. Dann schwanden mir die Sinne.

Als ich erschöpft und zerschunden erwachte, hatte das Meer mich an den Sandstrand einer weiten Bucht gespült, über dem der penetrante Gestank von Zucker und Frittenfett hing. Mein Kopf schmerzte, und als ich versuchte, die Hand zu heben, um mich meiner Lebenskraft zu vergewissern, vermochte ich es nicht. Meine Arme und Beine waren am Boden befestigt, auch fühlte ich mehrere Stricke, die mir quer über den Leib, von den Achselhöhlen bis zu den Lenden, gingen. In der Lage, in welcher ich mich befand, konnte ich nichts erblicken als den trüben, schiefergrauen Himmel und nichts hören als die fernen Klänge eines siebzehn Jahre alten Spielautomaten, auf dem *Time Crisis 3* in Demo-Modus-Dauerschleife lief. Als ich an den Stricken zog, die mich an den Sand fesselten, erhob sich um mich herum ein Tumult.

Werissas? und *Wassierlosdigga?*, erscholl es durch den Nieselregen, und sogleich traf mich der dumpfe Schlag eines Nike Air VaporMax Plus Größe 42 in die Rippen. »Werte Herren!«, rief ich aus. »Ich beschwöre Euch! Ich bin nur ein erschöpfter Reisender, gestrandet in diesen grässlichen Gefilden! Würdet Ihr mir zur Erweckung meiner Lebensgeister wohl einen Flat White angedeihen lassen?« Diese Bitte wurde indes lediglich mit weiterem Grunzen und unerquicklichen Hieben gegen meine Person vergolten.

Mit größter Anstrengung vermochte ich nunmehr, den Kopf einige Zentimeter zur Seite zu wenden, und da bot sich mir ein äußerst verwunderlicher Anblick: zwanzig oder dreißig Wesen von fast menschlichem Aussehen, gekleidet jedoch von Kopf bis Fuß in etwas, das man wohl Trainingsanzüge aus Nylon nennen muss. Sie zeigten in ihrem Verhalten eine affenartige Verwirrtheit, und dennoch spürte ich deutlich, dass sich darunter eine rudimentäre Intelligenz verbarg. Was diese befremdlichen Geschöpfe uns wohl erzählen könnten, dachte ich bei mir, wenn sie nur die Fähigkeit hätten, sich mitzuteilen.

Ich erkannte sogleich, dass mein Ersuchen nach einem Flat White zu kultiviert für diese ungehobelten Tölpel war. So schicklich, wie ich es eben vermochte, begann ich eine nonverbale Kommunikation. Ich blickte jedem einzelnen der Wesen in die Augen und ließ die Zunge langsam und nachdrücklich über die Lippen gleiten, um meinen Durst anzuzeigen.

Es verging eine Weile, bis sie mein Verlangen begriffen hatten – zunächst riefen meine Gesten verwirrte Grunzlaute wie *Dreggsau!* und *Wixa!* hervor –, aber schließlich unterbrach einer von ihnen, der ihr Anführer zu sein schien, seine Untergebenen. *Neealder,* sprach er, wobei er mitfühlend nickte, *Monsa! Monsa!*

Mit fieberhafter Geschäftigkeit wurden nun die Stricke, die mich am Boden hielten, gelöst. Man reichte mir eine zylinderförmige Metalldose – ähnlich jenen, aus denen Dan und ich zu Beginn meiner schicksalhaften Reise importiertes India Pale Ale genossen hatten –, auf der die Inschrift ›MONSTER ENERGY‹ prangte. Dem Verdursten nahe trank ich in dieser ausweglosen Situation das widerliche Gebräu, das nach einer Mischung aus Spülwasser und ranzigem Fiebersaft schmeckte. Ich hütete mich tunlichst, meinen Abscheu zu offenbaren, nickte stattdessen freudig und ließ ein übertriebenes »Mmmh!« ertönen.

Dies schien den gewünschten Effekt zu haben. Die Geschöpfe banden mich los und halfen mir auf die Beine. Ich nahm mein iPhone zur Hand, um auf Google Maps zu überprüfen, an welch abgründigen Ort es mich verschlagen hatte, und dies rief bei den Eingeborenen das größte Entzücken hervor. Sie schrien aufgeregt und hüpften von einem Bein auf das andere, denn sie glaubten offenbar, eine Gemeinsamkeit entdeckt zu haben, und zeigten mir ebenfalls ihre Handys. Ihre Naivität rührte mich – sie hatten uralte, klobige Geräte, es waren sogar Modelle von vor drei Jahren dabei –, aber ich nahm es dennoch als Zeichen ihrer Zuneigung. Ich hielt das Handy ans Ohr, rief »Hallo? Hallo?« in Nachahmung eines Gesprächs, und sie taten es mir nach. *Halloallo!*, riefen sie mit einem idiotischen Grinsen auf den hässlichen Gesichtern. Endlich entstand eine Verbindung zwischen uns!

Ich könnte hier leben, dachte ich bei mir. Ich könnte diesen Barbaren Bildung angedeihen lassen. Höchstwahrscheinlich hatten sie noch nie im Leben Quinoa gegessen, waren noch nie auf einem Faltfahrrad gefahren und hatten noch nie eine Spotify-Playlist mit politischem Funk aus den Siebzigern erstellt. Ich könnte ihr Anführer werden. Ich könnte ihr großer Aufklärer werden, wie die Entdecker der ...

»Jeremy, sieh nur!«

Dieser Ausruf unterbrach meine Träumerei, und ich erblickte eine junge Familie – eine echte, erkennbar menschliche Familie mit teuren Ökoschuhen und dem unnötig sperrigen Buggy einer schwedischen Firma –, die auf mich zurannte. Ihr plötzliches Erscheinen erschreckte die Barbaren, und sie ergriffen sofort die Flucht. Es bekümmerte mich, dass diese erbärmlichen Nichtsnutze davonliefen. Uns war nur eine kurze gemeinsame Zeit vergönnt gewesen, aber in dem Wissen, dass wir einen Moment wahrer Verbundenheit erlebt hatten, fühlte ich mich getröstet.

Gleichwohl war ich aufs Höchste erfreut, diese

Menschen zu sehen, wahre Menschen, die mich umarmten, mir begütigend auf den Rücken klopften und mich mit einem Kaffee beruhigten. Sie gingen mit mir in ein adäquates Sauerteigpizza-Restaurant und erklärten mir, dass ich in einem Land namens Margate gestrandet sei. Sie bestätigten meine Vermutung, dass ich mich in einer grausigen Gegend voller Katalogshops und UKIP-Wähler befand, aber meine neuen Freunde versicherten mir, dass sie schon begonnen hätten, sie zu kolonialisieren. Sie beabsichtigten, die Immobilienpreise in die Höhe zu treiben und die Eingeborenen in ein benachbartes Elendsquartier namens Gillingham zu verdrängen. Sie wären dort glücklicher, so erklärten sie mir, und ich sprach ihnen für ihre edelmütige Arbeit meinen Dank aus.

Als meine Landsleute mich zum Bahnhof geleitet hatten, von wo aus ich zur langen Reise in meine Heimat aufbrechen wollte, bat ich sie um ein Selfie, damit mir dieses unglaubliche Abenteuer stets in Erinnerung bleiben würde. Sie taten mir den Gefallen, und mir stiegen fürwahr Tränen der Dankbarkeit in die Augen.

Mein Vater und der Vater meines Vaters hatten sich geirrt. Ich hatte eine ganze Welt außerhalb Londons entdeckt, aber sie war gewiss nicht beängstigend. Die Geschöpfe, denen ich begegnet war, waren furchtsame Eingeborene, aber sie glichen mir in viel größerem Maße, als ich je erwartet hätte. Im tiefsten Innern, so dachte ich, sind wir vielleicht wirklich alle gleich. Wir alle müssen mit den Misslichkeiten vorliebnehmen, die das Schicksal uns zuteilt. Ich schwor mir, so bald als möglich nach Margate zurückzukehren, um die Grenzen, die uns bislang trennten, fürderhin niederzureißen.

Als mein Zug sich in Bewegung setzte, bemerkte ich einen Tumult auf dem Bahnsteig. Wahrlich, es waren die Geschöpfe vom Gestade! Sie liefen und sprangen neben dem Zug her und streckten ein zerfleddertes Exemplar des *New Statesman* in die Höhe, das mir vordem aus der Jackentasche gefallen sein musste. *Digga, danke! Digga, danke!,* riefen sie in unschuldigem Entzücken und klopften täppisch auf einen brisanten Kommentar über Transphobie.

»Nein, ihr wunderlichen Geschöpfe von Margate«, dachte ich bei mir, als der Zug davonfuhr, »ihr habt mir die Augen geöffnet. *Digga,* ich danke *euch*.« Und dann tippte ich auf die Immobilien-App auf meinem Handy.

Das tapfere Tweetlein

E s war einmal ein böser König, der herrschte über ein großes Reich.

Der König war grausam, eitel und habsüchtig und über alle Maßen gierig nach Gold. Er war anders als alle Könige vor ihm. Obwohl ihm seine Untertanen einen prunkvollen weißen Palast erbaut hatten, zog er es vor, auf einem Golfplatz in Florida zu leben.

Das Seltsamste an ihm war seine Krone, die ihm schief auf dem Kopf hing und aussah wie ein zotteliges Büschel Schamhaare. Wenn einer seiner Untertanen es auch nur wagte, einen kurzen Blick auf die Krone zu werfen, erfasste den König eine maßlose Wut, und der Übeltäter wurde sofort in den Schlosskerker gesperrt. Viele Leute sahen auf die Krone des Königs, deshalb war der Kerker immer gut gefüllt.

Alles, was der König tat, war grausam. Er hasste alle Menschen, die nicht in seinem Königreich lebten, und baute eine große Mauer, damit keine Fremden in sein Land kommen konnten. Er ließ seine Untertanen riesige Mengen Gold für Medikamente bezahlen, die es überall sonst auf der Welt kostenlos gab. Stets scharte er seine grausame Familie um sich: Prinzessin Ivanka, Prinz König Jr. und seinen mutierten Sohn Eric, der rund um die Uhr an seinen Thron gekettet war. Seine Frau, Königin Melania, hatte nur ein einziges Mal in ihrem Leben gelächelt, als der König sich nämlich eines Tages an einer Fischgräte verschluckte und es kurz so aussah, als würde er ersticken. Sie waren eine grauenhafte, böse, nichtsnutzige Familie.

Das Schlimmste aber war, dass niemand sie aufhalten konnte. Viele hatten es versucht. Wachtmeister Mueller von der örtlichen Polizei wollte den König festnehmen, aber das hatte nicht geklappt. Bürgermeisterin Pelosi klatschte bei einer Rede des Königs im Rathaus so sarkastisch, dass es zu einem viralen Meme wurde. Die Gelehrten des Landes informierten die Bevölkerung in zahllosen Schriftrollen darüber, dass der König seine Steuern nicht bezahlte, aber niemand wollte das wissen. Kurz vor seiner Krönung drehten mehrere millionenschwere Schauspieler ein YouTube-Video, in dem sie einen verklausulierten Protestsong sangen, aber selbst damit konnten sie nicht verhindern, dass der König mit seiner schrecklichen Zerstörungswut an die Macht kam.

Der König lebte einsam und zurückgezogen. Wenn er zu seinen Untertanen sprechen wollte, tat er das nicht von Angesicht zu Angesicht wie die anderen Könige vor ihm. Nein, er sprach zu ihnen über Twitter.

Seine Tweets nahmen kein Ende. Er schrieb: »Meine Feinde sind dämliche Loozer.« Er schrieb: »Schriftrollen sind FAKE NEWS und eine totale Schande.« Er schrieb: »Die Leute aus anderen Königreichen sind alle Kriminelle und Vergewaltiger – besonders die Kinder. NUR EUER KÖNIG KANN EUCH RETTEN.« Von früh bis spät zitterte das Königreich vor Angst unter diesem unaufhörlichen Twitter-Beschuss.

Aber eines Tages las eine junge Sozialarbeiterin namens Stephanie aus dem kleinen Städtchen Williamsburg in Brooklyn die Tweets des Königs auf ihrem MacBook, und sie wurde sehr traurig.

»Wir müssen unsere Feinde schnappen und ihre Kinder einsperren, sonst gerät unser Königreich in große Gefahr«, las sie voller Entsetzen laut vor. »KÖNIGREICH FIRST!«

Stephanie stellte ihren Kaffeebecher ab und sah ihren Freund an. Er war zweiunddreißig und hatte ein LinkedIn-Profil als DJ, obwohl er sein Geld als Wohnungsmakler verdiente. »Der König ist grausam«, sagte sie. »Das muss ich ihm dringend mal sagen.«

»Wieso das denn?«, fragte ihr Freund. »Alle haben doch schon versucht, was gegen den König zu unternehmen, aber er ist einfach zu mächtig. Außerdem liest sowieso keiner deine Tweets. Du hast nur 150 Follower, Stephanie.«

»Das ist mir egal«, erwiderte Stephanie. »Mir reicht's. Immer wird nur geredet, jetzt muss mal einer handeln. Die Schreckensherrschaft des Königs darf nicht so weitergehen. Und wenn es sein muss, bin ich eben diejenige, die etwas unternimmt.«

Stephanies Freund grinste spöttisch. »Tu, was du nicht lassen kannst«, sagte er. »Viel Erfolg.« Dann spielte er wieder mit seinen kabellosen Beats-Kopfhörern rum, die er immer um den Hals trug, obwohl er sie fast nie benutzte. Für Stephanie war seine Reaktion nichts Neues. Sie war schon ihr ganzes Leben lang untergebuttert worden. Aber heute war Schluss damit.

Stephanie konzentrierte sich ganz auf ihren Groll gegen den König, der während seiner grausamen Regentschaft seinen Untertanen nichts als Furcht und Leid beschert hatte, und bündelte ihre Wut in einem Tweet. Im tiefen Bewusstsein, ihre Pflicht zu erfüllen, tippte sie eine Antwort:

»Kinder einzusperren ist mMn schlecht.«

⁓

Stephanie drückte auf »Senden«, und in null Komma nichts wurde der tapfere kleine Tweet ins Internet gefeuert. Er bekam sofort fürchterliche Angst. Das war also das Internet? Horror und Schrecken, so weit das Auge reichte: Nazis, Schwanzbilder, Anleitungen zum Bombenbau und lange Diskussionen über Äußerungen von Nigel Farage, mit denen er sowieso nur provozieren wollte.

Der erste Gedanke des Tweets war, abzuhauen, in Stephanies Computer zurückzusausen und sich bibbernd hinter einer Fehlermeldung zu verstecken. Aber dann dachte er: »Nein. Ich bin eine wichtige Nachricht. Ich muss meine Pflicht tun.«

So machte er sich auf den Weg, und bald kam er zu den Tweets des Königs. Aber auch dort hielt er es kaum aus, denn diese Tweets waren aggressiv und rassistisch und voller russischer Bots. Wie sollte Stephanies Tweet da überhaupt eine Chance haben, gesehen zu werden? Aber der Tweet dachte: »Nein. Ich muss meine Pflicht tun. Unbedingt.«

⁓

Im Schloss piepte das Handy des Königs. Neugierig hielt er es sich dicht vor die kleinen Schweinsäuglein und starrte auf die Nachricht. Da stand:

»Neue Antwort von @quinoafan1988: ›Kinder einzusperren ist mMn schlecht.‹«

Da lief der König so geschwind wie noch nie ins Gemach seiner Tochter.

»Prinzessin Ivanka!«, rief er und zeigte ihr das Handy. »Lies mal die Nachricht hier! Jemand besitzt die Dreistigkeit, mir zu sagen, dass ich keine Migrantenkinder einsperren darf! Das ist eine Frechheit!«

Die Prinzessin las die Nachricht. »Na, das ist natürlich echt megagemein«, sagte sie mit einem dünnen Lächeln.

Der König war außer sich. Er schnappte sich das Handy und lief ins Gemach seiner Frau. »Königin Melania!«, brüllte er. »Du wirst es nicht glauben, jemand hat im Internet meine Autorität infrage gestellt!«

»WIESO LEBST DU NOCH, ALTER MANN?«, schrie Königin Melania.

Dem König wurde schwindelig. Was war hier los? Warum waren plötzlich alle gegen ihn? Er lief in Erics Gemach. »Eric, ich ...«

»Gagagagagaga«, erwiderte Eric.

»Ach, egal«, sagte der König. Eric war schon immer eine Enttäuschung gewesen.

Fassungslos stolperte der König in seinen Thronsaal zurück. Dachte der Rest der Welt wirklich so über ihn? War er wirklich so böse, wie alle behaupteten?

Er setzte sich hin und sann über seine Taten nach; über alles, was er unternommen hatte, um sein Königreich zu beschützen. Okay, er hatte sich vielleicht hier und da ein wenig ungeschickt angestellt, aber es musste doch allen klar sein, dass er immer nur zum Wohle des Königreichs gehandelt hatte.

Dann dachte er an die Kinder, die er inhaftiert hatte. Zum ersten Mal versetzte er sich in die Lage ihrer Eltern, und plötzlich konnte er ihre Angst und Verzweiflung nachvollziehen. Wie würde er sich fühlen, wenn man ihm seine Kinder wegnehmen würde? Er stellte sich ein Leben ohne Ivanka und Prinz König jr. vor, und ihm wurde schwer ums Herz. Noch nie hatte er eine solch überwältigende Traurigkeit empfunden. Wie hatte er nur so grausam sein können? Er war ein Monster.

Dann stellte er sich ein Leben ohne Eric vor und zuckte nur kurz mit den Schultern – aber egal, es war immerhin ein Anfang.

Tief erschüttert trat der König auf den Balkon seines Schlosses und sprach zum ersten Mal persönlich zu seinen Untertanen.

»Ich war ein Narr«, rief er der Menschenmenge

zu. »Ein erbärmlicher, böser, alter Narr. Ich habe gerade einen Tweet bekommen, der mir klargemacht hat, dass ich euch großes Leid zugefügt habe. Ich habe allen großes Leid zugefügt. Deshalb, meine Untertanen, muss ich es jetzt wiedergutmachen. Hiermit verfüge ich, dass alle inhaftierten Kinder unverzüglich zu ihren Eltern zurückdürfen!«

Die Menge jubelte.

»Außerdem werden ab sofort alle Medikamente kostenlos ausgegeben!«, rief er.

Die Menge jubelte noch lauter.

»Ach, und wenn ich schon mal dabei bin, verbiete ich halt auch noch die ollen Donnerbüchsen!«

Die Menge jubelte, sang und tanzte. Was für ein großartiger, wunderbarer Tag! Endlich hatte der König seine Bösartigkeit überwunden. Von nun an war er glücklich und großmütig, und alle seine Untertanen liebten ihn. Der Wandel war vollzogen.

～

Stephanie wurde für ihren Tweet von allen gefeiert. Millionen Menschen auf der ganzen Welt waren tief beeindruckt, dass sie im Alleingang das Königreich umgekrempelt hatte, und sie verbrachte den Rest ihres Lebens damit, Bestseller über die Macht der Underdogs zu schreiben. Bald war sie die reichste Frau im ganzen Land. Sie konnte sich alles kaufen, was sie haben wollte. Außer natürlich eine eigene Wohnung. Das wäre ja wirklich zu absurd.

Der moderate Dad
im Wunderland

Der moderate Dad fing an sich zu langweilen; er saß schon lange bei seinen Kindern am Ufer und hatte nichts zu tun. Er versuchte, die neueste Folge von *The Grand Tour* auf seinem Samsung-Handy zu streamen, aber er hatte kein Netz. »Was nützt ein Samsung«, dachte der moderate Dad, »wenn man damit nicht *The Grand Tour* streamen kann?«

Er überlegte sich eben, ob er ins Haus gehen sollte, um die Folge runterzuladen, aber er war schläfrig und dumm von der großen *Pollo ad Astra* von Pizza Express, die er zu Mittag gegessen hatte. Da rannte plötzlich ein weißes Kaninchen mit roten Ohren dicht an ihm vorbei.

Dies war nicht gerade sehr merkwürdig, aber als das Kaninchen eine Uhr aus der Westentasche zog und dann eilig fortlief, wurde der moderate Dad von Neugier gepackt und rannte ihm hinterher. Nicht dass er noch nie ein Kaninchen mit einer Weste gesehen hätte, aber er wollte wissen, wo es die Weste gekauft hatte.

»Hey, warte!«, rief der moderate Dad. »Ist die von Esprit oder von H&M? So eine will ich auch schon lange haben!«

Aber kaum hatte er das gesagt, war das Kaninchen schon in ein ziemlich großes Loch unter der Hecke geschlüpft.

Den nächsten Augenblick war der moderate Dad ihm nach in das Loch hineingesprungen, ohne zu bedenken, wie in aller Welt er wieder herauskommen könnte.

Hinunter, hinunter, hinunter. Er konnte nichts weiter tun als fallen, also fing der moderate Dad bald an, Selbstgespräche zu führen. »Hätte David Miliband doch bloß 2010 die Wahl zum Labour-Chef gewonnen«, sagte er, »dann hätten wir diesen ganzen Schlamassel jetzt nicht.« Da mit einem Male – plump!, plump! – landete er auf einem Haufen von trockenem Laub und Reisig, und der Fall war aus.

Der moderate Dad sah sich in diesem seltsamen fremden Land um, aber er entdeckte nur ein Fläschchen mit den Worten »Trinke mich!« wunderschön in großen Buchstaben draufgedruckt. Der moderate Dad freute sich, hatte aber auch ein wenig Angst. Was, wenn in dem Fläschchen Gift war?

In diesem Moment rannte das Kaninchen von

vorher wieder an ihm vorbei. »Entschuldigung!«, rief der moderate Dad. »Was ist in der Flasche hier?«

»Grolsch«, erwiderte das Kaninchen.

»Ach, Grolsch hab ich ja seit zwanzig Jahren nicht mehr getrunken«, dachte der moderate Dad, dessen Lieblingsgetränk inzwischen ein Session IPA aus einer ethischen Mikrobrauerei war, das neun Pfund die Dose kostete, deshalb probierte er es und fand es ganz lecker, wenn auch etwas fade.

»Was für ein komisches Gefühl«, sagte der moderate Dad. Er wurde nicht größer oder kleiner, aber tief im Bauch spürte er eine ungewohnte neue Kraft. Er fühlte sich wieder jung.

Der moderate Dad trat nach draußen in einen wunderschönen Garten, in dem Hunderte von Leuten in meist sehr unvorteilhaften Klamotten herumliefen oder in aufblasbaren Sesseln saßen. ›Don't Look Back in Anger‹ von Oasis dröhnte aus versteckten Lautsprechern in den Büschen, und ein paar freundliche Softies teilten fleißig brandneue Desert Boots an die Leute aus.

Der moderate Dad schnappte sich eine *Select* von einem Stapel Zeitschriften neben einem Baum und setzte sich zum Lesen ins Gras. Als er gerade schmunzelnd Martin Clunes' Gastkritik von ›Novocaine for the Soul‹ von den Eels las (»Ich mag

Bands mit amerikanischem Sound. Ich habe auch ein Album von R. E. M. Zwei sogar«, hatte Clunes geschrieben), spazierte eine junge Frau mit einem Elastica-T-Shirt an ihm vorbei.

»Du weißt aber, dass Damon Albarn die ganzen Songs geschrieben hat, oder?«, rief er hinter ihr her, obwohl das gar nicht stimmte.

Die Frau sah ganz geknickt aus. »Was, echt?«, sagte sie und zog sich sofort einen Parka über, so sehr schämte sie sich.

Der moderate Dad war verblüfft. »Äh, Moment mal«, stammelte er. »Das lässt du dir einfach so kritiklos gefallen?«

»Wieso?«, fragte die Frau. »Warum sollte ich dich kritisieren?«

»Keine Ahnung«, erwiderte der moderate Dad. »Wegen Mansplaining vielleicht?«

»Was ist Mansplaining?«, fragte die Frau.

Der moderate Dad setzte sich erschrocken auf und rieb sich die Augen. Er betrachtete die Zeitschrift. Er betrachtete seine Boots. Er betrachtete all die jungen Leute um sich herum und merkte, dass keiner E-Zigarette rauchte oder mit dem Handy rumspielte oder andere anpöbelte, sie sollten mal ihre Privilegien checken.

Das Kaninchen lief wieder an ihm vorbei. »He, du, Kaninchen!«, rief der moderate Dad ihm hinterher. »Ich hab mal 'ne Frage. Welcher britische Politiker befindet sich im Moment gefährlich weit am linken Rand?«

»Wieso? Tony Blair natürlich«, erwiderte das Kaninchen.

Der moderate Dad bekam weiche Knie. Ihm schwirrte der Kopf beim Versuch, diese ganzen neuen Informationen zu verarbeiten. »Heißt das etwa …«, stammelte er. »Kaninchen, welches Jahr haben wir?«

»1997 natürlich, du Dummkopf«, sagte das Kaninchen und hoppelte davon.

Der moderate Dad konnte es nicht fassen – 1997! Das war das beste Jahr in der Geschichte der Menschheit gewesen. 1997 hatte die Labourpartei eine Parlamentswahl gewonnen. 1997 war es erst ein Jahr her gewesen, dass England mal gar nicht so schlecht bei einem Fußballturnier abgeschnitten hatte. 1997 hatte der moderate Dad fast (aber nicht ganz) seine Unschuld verloren, als er mit einem Mädchen das erste Mansun-Album auf Kassette hörte. Es war viele Jahre vor Twitter, viele Jahre vor dem Brexit, viele Jahre, bevor der moderate Dad bei der großen Anti-Kriegs-Demo 2003 seinen Glauben an die Macht des Protests verloren hatte. Es war die allerbeste Zeit seines Lebens gewesen!

Der moderate Dad hielt einen Mann an, der zufällig vorbeikam. »Weißt du, wer gerade der coolste Typ des Universums ist?«, fragte er ihn.

»TIM LOVEJOY!«, schrien beide wie aus einem Munde und sprangen davon wie Liam Gallagher.

Der moderate Dad war im siebten Himmel, aber da kam das Kaninchen wieder angerannt. »Wir kommen zu spät!«, rief es. »Wir kommen zu spät zur Teegesellschaft!«

Das Kaninchen nahm den moderaten Dad bei der Hand und führte ihn zu einem gedeckten Tisch unter einem Baum. Aber bei dieser Gesellschaft gab es gar keinen Tee – es waren nur ein paar Stühle in einer Reihe aufgestellt, und als der moderate Dad sich setzte, sah er sich einer wütenden Menschenmenge gegenüber. Das Herz rutschte ihm in die Hose. Das war kein Nachmittagstee, und es war auch nicht mehr 1997; das hier war eine Aufzeichnung der Polit-Talkshow *Question Time* aus dem Jahr 2019 und damit im Prinzip die Hölle auf Erden. Er sah sich um. Neben ihm saßen ein dreizehnjähriger Kolumnist des *Guardian*, ein achtundneunzigjähriger Kolumnist der *Daily Mail*, ein nervöser Twitter-Comedian sowie, aus unerfindlichen Gründen, Nigel Farage.

»Dieses Land geht vor die Hunde«, schrie der *Mail*-Kolumnist, »und das liegt nur an den geistesgestörten Linken und ihren verdammten Burkas!«

»Dieses Land geht vor die Hunde«, schrie der *Guardian*-Kolumnist, »und das liegt nur an der verlogenen Panikmache der Rechten!«

Der moderate Dad war verzweifelt. Dieser militante politische Grabenkrieg angeblicher Experten hatte noch nie zu etwas geführt. Er war überzeugt, dass man die Kluft im Land nur überbrücken konnte, indem man den gemeinsamen Nenner suchte und von einzelnen Berührungspunkten aus einen grundlegenden Konsens erarbeitete.

»Jetzt hört doch mal zu, Leute«, ergriff der moderate Dad das Wort. »Ihr liegt gar nicht so weit auseinander, wie ihr glaubt. Sind wir nicht letzten Endes alle nur Menschen? Es muss doch irgendwas geben, worauf ihr euch einigen könnt.«

»Ich hasse Europa!«, schrie der *Mail*-Kolumnist.

»Ich hasse Europa auch, aber aus etwas anderen Gründen!«, schrie der *Guardian*-Kolumnist.

Das war doch schon mal ein Anfang. Der zarte Keim eines Kompromisses. »Weiter so, Leute!«, sagte der moderate Dad. »Wir müssen vernünftig und höflich miteinander umgehen. Wenn wir unseren Anstand aufgeben, sind wir verloren!«

»Ich wünschte, wir könnten den Galgen wieder einführen!«, schrie der *Mail*-Kolumnist.

»Ich wünschte auch, wir könnten den Galgen wieder einführen!«, schrie der *Guardian*-Kolumnist, und in seinen Augen blitzte plötzlich eine neue Erkenntnis auf.

»Sie und ich, wir sind uns ganz ähnlich«, sagte der *Mail*-Kolumnist und schloss seinen Gegner fest in die Arme. »Wir behaupten beide, dass wir die Medien hassen, obwohl wir gnadenlos vor die Hunde gehen würden, wenn es sie nicht mehr gäbe. Das ist mir jetzt klar geworden.«

»Danke, moderater Dad, dass du uns zur Raison gebracht hast«, sagte der *Guardian*-Kolumnist, und vor Erleichterung und Reue liefen ihm dicke, fette Kullertränen die Wangen hinunter.

Da brach der moderate Dad in triumphierendes Lachen aus, dass es ihn schüttelte, und er erwachte wieder am Ufer. Seine Kinder saßen auf ihm drauf.

»Wach auf, Daddy!«, sagten sie. »Du hast aber lange geschlafen.«

»Oh, und ich habe einen so merkwürdigen Traum gehabt!«, sagte der moderate Dad, und er erzählte seinen Kindern all die seltsamen Abenteuer, welche ihr eben gelesen habt. Als er fertig war, küssten seine Kinder ihn auf die Stirn und sagten: »Das war wirklich ein sonderbarer Traum, Daddy, aber du hast Mummy versprochen, dass wir heute Nachmittag mit dem Zafira zu IKEA fahren.« Da stand der moderate Dad auf, rannte zum Auto und fuhr mit seiner Familie in ein seelenloses Gewerbegebiet auf der grünen Wiese, wo seine Frau ein paar günstige Wohntextilien kaufte, während er lustlos auf seinem Handy durch Instagram scrollte.

Aber als der moderate Dad den Kopf hob, sah er plötzlich ein weißes Kaninchen mit roten Ohren hinter einem großen Drahtkorb voller gesteppter Matratzenschoner hervorflitzen ...

Wo sollen wir jetzt wohnen?

Mr und Mrs Smith wollten umziehen. Der wachsende Populismus und die nationalistische Stimmung in Großbritannien machten sie traurig, deshalb verkauften sie ihr Haus und zogen nach Frankreich.

Aber der Aufstieg von Marine Le Pens rechtsextremem Rassemblement National machte sie traurig, deshalb zogen sie nach Italien.

Aber die antieuropäische Koalition der Fünf-Sterne-Bewegung mit der Lega Nord machte sie traurig, deshalb zogen sie nach Dänemark.

Aber das Gesetz der dänischen Regierung, das es der Polizei erlaubte, Eigentum von Migranten zur Finanzierung ihres Unterhalts zu beschlagnahmen, machte sie traurig, deshalb zogen sie nach Ungarn.

Aber Viktor Orbáns Warnung, die Immigration bedrohe die Identität Europas, machte sie traurig, deshalb zogen sie nach Polen.

Aber die Entlassung von Richtern durch die PiS-

Partei machte sie traurig, deshalb zogen sie nach Schweden.

Aber der Aufstieg der Schwedendemokraten, einer Partei mit Wurzeln im Rechtsextremismus, machte sie traurig, deshalb zogen sie nach Weißrussland.

Aber dass Alexander Lukaschenko Oppositionelle unterdrückte und sich lobend über Hitler äußerte, machte sie traurig, deshalb zogen sie nach Österreich.

Aber die Vorschläge der FPÖ, ein Kopftuchverbot an Grundschulen zu erlassen und die Handys von Asylbewerbern einzuziehen, machten sie traurig, deshalb zogen sie nach Deutschland.

Aber die Angewohnheit der AfD, die Gräueltaten der Nazis als »Vogelschiss« abzutun, machte sie traurig, deshalb zogen sie nach Mazedonien.

Aber das Vorhaben der Partei VMRO-DPMNE, unter dem schwammigen Begriff der Antikisierung ein ethnisches Zweiklassensystem einzuführen, machte sie traurig, deshalb zogen sie nach Bulgarien.

Aber dass es in Bulgarien eine rechtsextreme Partei gibt, die sich tatsächlich Ataka nennt, machte sie traurig, deshalb zogen sie nach Tschechien.

Aber ihnen gefielen die Gerüchte nicht, dass Andrej Babiš angeblich seinen eigenen Sohn entführt hatte, damit er nicht als Zeuge in einer Betrugsermittlung gegen seinen Vater aussagen konnte, deshalb zogen sie nach Griechenland.

Aber dass die Partei Griechische Morgenröte ein hakenkreuzähnliches Symbol hatte und Homosexualität als Krankheit verunglimpfte, machte sie traurig, deshalb zogen sie auf die Philippinen.

Aber die vielen ohne Gerichtsurteil vollstreckten Hinrichtungen, mit denen Rodrigo Duterte sich brüstete, machten sie traurig, deshalb zogen sie nach Brasilien.

Aber Jair Bolsonaros Homophobie, Misogynie und Befürwortung politischer Gewalt machte sie traurig, deshalb zogen sie nach Amerika.

Aber ihr könnt euch wahrscheinlich denken, dass das auch nicht so richtig gut funktionierte.

Egal, wohin Mr und Mrs Smith zogen, in jedem Land der Welt herrschten scheußlicher Populismus und Nationalismus. Es war überall gleich schlimm.

Da kauften Mr und Mrs Smith sich ein Frachtschiff und luden alle Freunde zu sich ein, die sie auf ihren Reisen kennengelernt hatten, und dann wurden sie die nettesten, tolerantesten und progressivsten Piraten der sieben Weltmeere. Auf dem Schiff entstand die beste Demokratie aller Zeiten, und sie waren glücklich bis ans Ende ihrer Tage, und wenn es dieses Schiff wirklich gibt, kann mir bitte verdammt noch mal jemand Bescheid sagen, wo ich es finde?

Kanako, der Instagram-Igel, vs. die Vereinten Nationen

Instagram hatte der Igelin Kanako zu einem guten Leben verholfen. Als eines der beliebtesten Internettiere der Welt musste Kanako nichts weiter tun, als sich jeden Tag fotografieren zu lassen. Mal machte sie es sich in einer Teetasse gemütlich, mal hockte sie auf einem dicken Haufen Kaschmirwolle. Manchmal schlief sie sogar beim Fotoshooting ein, aber das steigerte ihre Beliebtheit nur noch. »Mein süßer verträumter Lieblingsigel!« Solche Kommentare standen unter all ihren Fotos. »Heirate mich, Kanako!«

Diese Zeiten waren inzwischen natürlich lange vorbei. Seit die Vereinten Nationen Instagram weltweit verboten hatten, damit nicht so viel Produktivität vergeudet wurde, war Kanako nutzlos. Ohne Instagram konnte sie ihre ganze Niedlichkeit in der Pfeife rauchen. Es war egal, dass ihre Augen glitzerten wie frischer Schnee an einem stillen Wintermorgen. Es war egal, dass ihre Stacheln zweimal im Monat in Büffelmilch gebadet wurden. Es war egal, dass sie ein Geräusch geübt hatte, das wie das Wort »kuscheln« klang, nur um den Hype in den sozialen Medien zu pushen. Sie gehörte jetzt zum alten Eisen, und das wusste sie auch.

Zum Glück hatte sie sich mit ein paar Freunden zusammengetan, denen es ähnlich erging. Das Kätzchen Agnes, das Streifenhörnchen Mr Boompy und Pia, das Schwein mit dem Hut, waren durch das Instagram-Verbot ebenfalls überflüssig geworden, und sie alle lebten gemeinsam in einem hohlen Baumstamm am Rande des Parks. Es war echt niedlich, und es konnte einem wirklich das Herz brechen, dass niemand mehr Lust hatte, so was zu fotografieren.

Wenigstens hatten sie genug zu essen. Wenn sie hungrig waren, konnten sie sich jederzeit an den Unmengen weggeschmissener Avocados bedienen, die haufenweise am Straßenrand lagen. Mit dem Ende von Instagram war auch der Avocado-Hype vorbei, und alle, die vorher so getan hatten, als seien Avocados lecker, saßen jetzt wieder in ihren langen Unterhosen auf dem Sofa und aßen Fleischwurstbrötchen.

Aber die Avocados waren nur die Spitze des Eisbergs. Die Baristas waren erledigt, seit sich jeder so nennen konnte, der in der Lage war, ein Heißgetränk in eine Tasse zu gießen, und es keine

Zugangsvoraussetzung für den Beruf mehr war, dass man obendrauf auch noch so eine Art Blatt malen konnte. Die Restaurants hatten den Ehrgeiz, ihre Speisen stilvoll anzurichten, komplett über Bord geworfen, selbst im berühmten baskischen Edelrestaurant Asador Etxebarri wurde einem als Spitzengericht nur noch ein Viertelliter Matschepampe in einen Plastiknapf gekippt. Sämtliche Mitglieder der Familie Kardashian waren zutiefst gekränkt, weil sie plötzlich keine Likes mehr erhielten, und mussten auf Händen und Knien durch Calabasas krabbeln und wildfremde Leute anflehen, ihnen kleine rote Herzchensticker auf Gesicht und Körper zu kleben.

Das Schlimmste aber war die Geburtenrate. Welchen Sinn hatte es denn jetzt noch, Kinder in die Welt zu setzen, wenn man keine Fotos von ihnen ins Internet stellen konnte? Etwa, dass man sich um sie kümmerte? Sich anhörte, was sie zu sagen hatten? Igitt.

Aber die UNO blieb eisern. Man verwies auf die Statistik: Seit Instagram verboten war, wurde wieder konzentriert gearbeitet. Die Menschen waren aufs Neue in der Lage, den komplizierten Handlungsverläufen qualitativ hochwertiger Fernsehserien zu folgen. Paare redeten wieder miteinander. Und es wurden so gut wie keine Smombies mehr überfahren.

All das machte Kanako sehr wütend. Instagram war ihre einzige Daseinsberechtigung. Ohne Instagram unterschied sie nichts mehr von all den anderen Igeln, selbst von den beklopptesten, die unter Lagerfeuern schliefen. Sie war bereit zu kämpfen.

»Aber was sollen wir denn machen?«, fragte Mr Boompy und schob aus reiner Gewohnheit gedankenverloren einen Miniatureinkaufswagen mit einem Styroporschneemännchen herum. »Wir haben es hier mit der UNO zu tun. Das ist eine riesige Organisation, und wir sind nur vier doofe Tiere.«

»Warte mal kurz«, sagte Pia. »Agnes, warst du nicht vor ein paar Jahren mal UN-Sonderbotschafterin?«

»Na ja, so würde ich das nicht nennen«, erwiderte Agnes, die eigentlich nur für eine Influencer-Kampagne ein T-Shirt mit der Aufschrift »Keine Landminen« getragen hatte. Sie rief aber trotzdem bei der UNO an, und tatsächlich erhielt sie die Zusage, dass Kanako eine Rede im UN-Hauptquartier halten durfte.

Kanako war beunruhigt. Sie hatte schon so einiges über den UNO-Generalsekretär António Guterres gehört, und viele Leute hatten ihr erzählt, dass er für niedliche Internettiere nicht das Geringste übrighatte. Auch wenn sie für einen Tag im Rampenlicht stehen würde, selbst mit ihrem schicken

Minizylinder und ihrem feinsten Kleid, es war jetzt schon klar, dass Guterres sich über Kanako nur kaputtlachen würde.

Deshalb tat Kanako etwas, das sie früher niemals getan hätte: Sie ging in die Bibliothek. Dort blieb sie viele Tage und wälzte die kompliziertesten Gesetzestexte, damit sie ihr Anliegen vor der ganzen Welt überzeugend vorbringen konnte. Sie las die Richtlinie (EU) 2018/1972 des Europäischen Parlaments, in der ein europäischer Kodex für die elektronische Kommunikation festgeschrieben wurde. Sie las den Report der Association of Progressive Communications, ›Global Information Society Watch‹, sowie Workshop-Protokolle des von der UNO selbst gegründeten Internet Governance Forums 2018. Sie sah sich sogar mehrere Vorträge an, die vor dem Internet Governance Forum gehalten wurden. Sie war wirklich fest entschlossen, dieses himmelschreiende Unrecht aus der Welt zu schaffen.

Ihre Kumpels aus dem Baumstamm trommelten in der Zwischenzeit so viele andere arbeitslose Internettiere zusammen, wie sie nur konnten, in der Hoffnung, dass ein gemeinsames Auftreten Guterres zum Umdenken bringen könnte. Sie reisten um die ganze Welt und rekrutierten ein Tier nach dem anderen: das Faultier Jaxxon, das Erdmännchen Simples, die Waisenziege Edwin, den Belugawal Nugget, die Mandarinente Sparklebuck, den Großen Pampashasen Jumbozara, den Pandabären Plonk-Plonk, den Wüstenfuchs Snoochie, das Zwergflusspferd Admiral Snuggles von Chunkybum und den Otter Stephen.

Dann kontaktierten die Tiere andere Instagram-Stars – die Kaffee- und Avocadohändler, die Vorzeigepapas, die Leute, die nur zu Demos gehen, weil ihnen ein tolles Wortspiel für ein Plakat eingefallen ist, die Leute, die fälschlicherweise glauben, sie seien die ersten Menschen, die einen Sonnenuntergang erleben, und Ariana Grande – und sie schlossen sich zusammen, weil ihnen klar war, dass sie gemeinsam eine stärkere Verhandlungsposition gegen die anonyme Macht der UNO hatten.

Und dann war der Tag gekommen, an dem Kanako ihre Rede vor der Vollversammlung halten sollte. All ihre Mitstreiter saßen hinten im Saal, während sie die Treppe zum eigens angefertigten Podest hinaufkrabbelte. Erwartungsvolle Stille breitete sich aus. Kanako rückte ihren Zylinder zurecht.

»Meine sehr verehrten Damen und Herren«, begann sie. »Es ist eine große Ehre für mich, an einem so bedeutenden Ort wie diesem sprechen zu dürfen, und doch muss ich Ihnen zu meinem größten Bedauern eine Situation schildern, die völlig untragbar ist.«

In einer fulminanten halbstündigen Rede legte Kanako dar, dass das Instagram-Verbot gegen den Gleichheitsgrundsatz verstieß, auf dem das gesamte Internet fußte, und dass es – obwohl es mit den besten Absichten erlassen worden war – die Lebensgrundlage von vielen Millionen Geschöpfen zerstört hatte.

»Sehen Sie nur«, sagte Kanako und deutete auf eine der unterklassigen Kardashian-Schwestern, die unter Tränen versuchte, mit einem ihrer Schuhe ein Selfie zu machen. »Das hat Ihr Verbot aus den Menschen gemacht. Es ist grausam.«

Und dann ließ Kanako die größte Bombe platzen; sie zitierte einen Text der UNO selbst, die »Erklärung des Sonderberichterstatters zur Förderung und zum Schutz des Rechts auf Freiheit der Meinung und des Ausdrucks« aus dem Jahr 2011. »Dort steht in Abschnitt IV, Teil A, Absatz 31, dass die Onlinezensur ein ›unnötiges oder unverhältnismäßiges Mittel zur Zielerreichung‹ ist, welches ›oft [die] Verpflichtung zur Sicherstellung des Rechts auf freie Meinungsäußerung verletzt‹.« Mit einem niedlichen Piepsen sagte Kanako: »Verehrte Damen und Herren, das sind die Fakten.«

Die Zuhörer schwiegen überwältigt. Kanako spürte, dass das Publikum ihr aus der Pfote fraß. Jetzt musste nur noch der letzte Treffer sitzen, dann hatte sie es geschafft. Sie gähnte, streckte sich und machte ein Geräusch, das ein bisschen wie das Wort »kuscheln« klang.

Stürmischer Applaus brandete auf. Generalsekretär António Guterres betrat mit Tränen in den Augen das Podium und umarmte Kanako. Dann sagte er »Aua« und drückte auf einen großen roten Knopf, der das Verbot von Instagram rückgängig machte.

Sofort aßen die Leute wieder Avocados und tranken kunstvolle Kaffeekreationen und bekamen Kinder. Alle Tiere gingen beruhigt wieder an die Arbeit, denn sie wussten nun, dass ihre Branche von hochoffizieller Seite auf Jahre hinaus geschützt war.

Und Kanako? Sie gab das Modeln auf und ging ans College, um weiterzustudieren. Sie ist immer noch im Internet zu finden, aber jetzt heißt sie »Instagram-Igel Dr. jur. Kanako«.

Lieblingswiegenlied deiner Eltern

Mein Schatz, es ist Zeit, jetzt ins Bettchen zu
    geh'n,
du warst heute artig und fleißig.
Die Lider sind schwer und die Augen fall'n zu,
und außerdem bist du fast dreißig.

Du weißt ja, dass du unser Augenstern bist,
das haben wir oftmals erwähnt,
doch nun bist du groß, müsstest flügge schon
    sein
seit mindestens einem Jahrzehnt.

Dein Zimmer gehört nämlich eigentlich uns,
geliebter, entzückender Schatz.
Vielleicht war dir das ja noch nicht so ganz klar –
dein Dad braucht ein bisschen mehr Platz.

Dein Haar ist wie Gold, deine Augen, die
    leuchten,
dein Anblick ist wirklich beseelend.

Sehr hässlich ist nur, was du täglich uns kostest!
Da packt uns das heulende Elend.

Mit dir war'n wir immer ein bombiges Team,
doch wir brauchen nun Zeit für uns zwei.
Ganz ehrlich, wir hatten das letzte Mal Sex
im Januar 2003.

Jetzt räum mal das Sofa und klotz endlich ran!
Was ist das für eine Manier?
Sieh her, unser Häuschen, das Auto, der Hund –
Kind, mach es doch einfach wie wir!

Mit zwanzig, da waren wir längst schon vermählt,
wir sparten was an für uns zwei,
wir kauften ein Haus, das ging damals noch
    leicht,
für 'n Appel nur und für ein Ei.

Du sagst uns, du sparst schon so viel, wie du
    kannst,
die Schulden erdrücken dich fast.
Dabei ist doch klar, dass ihr Jungen das Geld
für stylishes Essen verprasst!

Dein Lächeln, mein Kindchen, erfüllt uns mit
    Glück,

und weinst du, beschert uns das Sorgen.
Doch irgendwann musst du mal raus aus dem
  Haus,
wie wär's denn am besten gleich morgen?

Dereinst wirst du erben, dann wird alles gut,
drum mach dir jetzt keine Gedanken.
Du kriegst ja das Haus und den Garten zurück,
sobald wir mal ernsthaft erkranken.

Drum schlafe, mein Liebling, und zieh bitte nicht
verdrießlich das Näschen so kraus.
Träum süß, kleines Schätzchen, wie niemals
  zuvor,
denn morgen schon fliegst du hier raus.

Die drei linken Schweinchen

Es waren einmal drei linke Schweinchen und ein großer böser Wolf.

Eines Tages, als die Schweinchen sich gerade gemütlich in ihrem Pferch im Dreck suhlten, hörten sie, dass der große böse Wolf auf dem Weg zu ihnen war. Als das letzte Mal ein großer böser Wolf in den Pferch gekommen war, hatte es ein Blutbad gegeben. Die übrig gebliebenen Schweinchen hatten sich geschworen, dass eine solche Tragödie nie wieder geschehen durfte.

»Wir müssen uns ein Haus bauen!«, sagte das erste Schweinchen. »Ein gutes, solides Haus, damit der Wolf uns nie mehr etwas anhaben kann.«

»Wir müssen es aber gemeinsam bauen!«, sagte das zweite Schweinchen. »Nur wenn wir uns mit unseren unterschiedlichen Stärken und Erfahrungen zusammentun, können wir einen so mächtigen Feind besiegen. Allein sind wir nur zahnlose Tiger.«

»Moment mal«, sagte das dritte Schweinchen empört. »Hast du gerade ›zahnlose Tiger‹ gesagt?«

»Ja, klar«, sagte das zweite Schweinchen. »In dieser Sache können wir nur vereint ...«

»Zahnlose Tiger?«, wiederholte das dritte Schweinchen. »Das finde ich ein bisschen heikel.«

»Was?«, sagte das zweite Schweinchen. »Ach so, nein, da hast du mich missverstanden. Das ist nur so eine Redensart. Ich habe nichts gegen Tiger, ob mit Behinderung oder ohne.«

»Es ist aber wirklich ein bisschen heikel«, stimmte das erste Schweinchen zu.

»Und deshalb bist du gecancelt«, sagte das dritte Schweinchen.

»Was?«, quiekte das zweite Schweinchen. »Ihr könnt mich nicht canceln! Wir sind im selben Team! Mann, der Wolf kann jeden Moment hier sein! Wenn wir uns jetzt nicht am Riemen reißen, frisst er uns auf!«

»Hört ihn euch an«, sagte das dritte Schweinchen. »Das sagt er doch nur, weil er hinterher die Lorbeeren einheimsen will.«

»Hey, hey, hey«, rief das erste Schweinchen. »Wieso denn plötzlich ›er‹? Über Pronomen haben wir noch überhaupt nicht diskutiert!«

»Ich bin für gendergerechte Sprache«, sagte das zweite Schweinchen.

»Halt die Klappe, du Selbstdarsteller!«, rief das

dritte Schweinchen, das inzwischen wütender auf die beiden anderen als auf den Wolf war.

»Können wir das Ganze jetzt bitte mal vergessen und anfangen, das Haus zu bauen?«, sagte das zweite Schweinchen. »Der Wolf kann jeden Moment kommen.«

»Meinetwegen, wenn's sein muss«, grummelte das dritte Schweinchen. »Woraus bauen wir das Haus denn?«

»Ich finde Stroh gut«, schlug das erste Schweinchen vor. »Es stammt aus regionalem Anbau, wird nachhaltig produziert und …«

»Und es wird dazu führen, dass wir ins Gras beißen, Dumpfbacke«, sagte das zweite Schweinchen. »Sich in einem Haus aus Stroh vor dem Wolf verstecken? So was Bescheuertes hab ich ja noch nie gehört.«

»Ach ja? Hast du eine bessere Idee?«, fragte das erste Schweinchen beleidigt.

»Ja«, sagte das zweite Schweinchen. »Stöcke.«

»STÖCKE?«, schrien die anderen beiden entsetzt. »Bist du wahnsinnig? Aus Stöcken kann man doch kein vernünftiges Haus bauen!«

»Das ist ein legitimer Einwand, aber lasst mich doch bitte ausreden«, sagte das zweite Schweinchen. »Stroh ist nicht stabil genug, und Steine sammeln dauert zu lange. Stöcke sind in dieser Situation ein sehr akzeptabler Mittelweg.«

»Das ist mal wieder typisch, du blöder Kompro-missler«, schnaufte das dritte Schweinchen.

»Ich bin kein Kompromissler«, sagte das zweite Schweinchen gekränkt. »Ich bin einfach nur prag-matisch, mein Lieber.«

»Das ist doch Jacke wie Hose«, meinte das dritte Schweinchen.

»Ach, willst du jetzt auch noch die Kleiderord-nung bestimmen, oder was?«, meckerte das erste Schweinchen. »Du bist auch gecancelt, verdammt noch mal!«

So ging es eine ganze Weile weiter. Die Schwein-chen standen in ihrem Pferch und schrien sich ge-genseitig an, weil die jeweils anderen nicht in das ei-gene enge und ultragenau definierte Weltbild passten, und dann erschien irgendwann der große böse Wolf.

Amüsiert betrachtete der Wolf, wie die Schwein-chen ihren Machtkampf austrugen. Reihum warfen sie sich wilde Beschimpfungen an den Kopf. Nach zwanzig Minuten, als Schweinchen zwei gerade Schweinchen eins wegen eines acht Jahre alten un-sensibel formulierten Tweets cancelte, unterbrach der Wolf sie.

»Ihr tut euch mit eurem Verhalten nicht gerade einen Gefallen«, sagte er.

»Oh Gott! Der Wolf!«, riefen die drei Schwein-chen.

»Was veranstaltet ihr denn hier für einen Klein-krieg?«, fragte der Wolf. »Ihr erreicht überhaupt nichts, wenn ihr euch die ganze Zeit so zankt.«

»Aber man muss doch die anderen für ihre Fehler zur Rechenschaft ziehen, auch wenn man eigentlich am selben Strang zieht«, sagte das dritte Schwein-chen.

»Spinnst du?«, erwiderte der Wolf. »Ich sag euch mal was. Das Wichtigste ist Macht. Seid nicht so recht-haberisch, auf die Art gelangt ihr nie in eine Machtpo-sition. Ihr müsst es wie ich machen. Ich kann sagen, was ich will, den anderen Wölfen ist das völlig egal, so-lange wir dadurch an ein paar leckere Schweinchen kommen.«

»Quatsch«, meinte das erste Schweinchen.

»Doch, das stimmt«, sagte der Wolf. »Passt mal auf.«

Der Wolf stellte sich auf die Hinterbeine, reckte die Schnauze zum Himmel und schrie: »MAN SOLLTE ALLE BEHINDERTEN KINDER IN EINEM BRUNNEN ERTRÄNKEN!«

»Um Gottes willen«, protestierten die Schwein-chen. »So was kannst du doch nicht sagen!«

In der Ferne hoben zwei Wölfe den Kopf, ver-drehten kurz die Augen und kümmerten sich wieder um ihren eigenen Kram.

»Seht ihr?«, sagte der Wolf. »Aber genug geplaudert. Jetzt, meine lieben Schweinchen, werdet ihr mein Abendessen.«

Der Wolf entblößte grinsend zwei Reihen spitzer Zähne. Er streckte sich, fuhr seine scharfen Krallen aus und machte einen Schritt auf die Schweinchen zu. Dann wuschelte er sich seltsamerweise durch den strubbeligen blonden Haarschopf, was wohl irgendwie knuffig aussehen sollte. Die Schweinchen kauerten sich verängstigt zusammen. Plötzlich hörten sie eine seltsame Stimme. Alle drehten sich um. Es war ein zweiter Wolf.

»He, warte mal!«, polterte er. »Ich will der Anführer der Wölfe sein!«

»Vergiss es!«, rief der erste Wolf. »Du hast früher mal Drogen genommen! Hast du selbst zugegeben.«

»Ach, hör doch auf«, erwiderte der zweite Wolf. »Wir waren alle zusammen in der Oxford Union. Wir haben *alle* Drogen genommen.«

»Besonders ich«, warf ein dritter Wolf ein. »Hab ich schon mal erzählt, dass ich im Iran Opium geraucht habe?«

»Halt die Klappe, Rory«, fauchte der erste Wolf.

»Wie redest du denn mit ihm?«, brüllte der zweite Wolf. »Ich verlange ein Wolfsreferendum über deine Tauglichkeit als Führungskraft.«

»Oh Gott«, heulte der erste Wolf. »Bloß kein Referendum! Es gibt nichts Dümmeres, als die Leute über ihre eigene Zukunft abstimmen zu lassen.«

»Du hast doch nur Angst vor den Fernsehduellen«, sagte der zweite Wolf.

»Verräter!«, brüllte der erste Wolf. »Du hast es von Anfang an auf mich abgesehen, schon als wir zusammen in Eton zur Schule gegangen sind!«

»Komm doch her, du Krawallbruder!«, heulte der zweite Wolf und stürzte sich beißend und kratzend auf den ersten, und sofort fiel auch der dritte über die beiden anderen her.

In diesem Moment ging den Schweinchen ein Licht auf.

»Oh Gott, sind wir etwa auch so?«, fragte Schweinchen drei.

»Ich fürchte, ja«, erwiderte Schweinchen eins. »Leute, es tut mir leid. Wir waren total kleinkariert. Wir haben uns wie die Idioten von unseren wahren Zielen ablenken lassen.«

»Aber wir können was daraus lernen«, meinte Schweinchen zwei. »Noch ist es nicht zu spät zusammenzuarbeiten. Hauen wir ab!«

Und während die Wölfe sich gegenseitig zerfleischten, rannten die drei Schweinchen davon, so schnell die Haxen sie trugen. Sie bauten sich ein Haus aus einem stabilen Stroh-Stock-Stein-Verbundstoff und lernten, ihre Meinungsverschiedenheiten in respektvollem Dialog zu lösen. Und von diesem Tag an machte der Wolf ihnen nie wieder Ärger.

Der Hase und die Schildkröte
und die Russen

Es lebten einmal in einem Feld nahe bei einem Waldstück ein fröhlicher Hase und eine verschlafene Schildkröte. Der Hase flitzte den ganzen Tag lang im Kreis um die Schildkröte herum, bis ihr ganz schwindelig wurde.

»Ich bin das schnellste Tier auf dem Feld!«, brüstete sich der Hase vor der Schildkröte. »Ich bin schneller als ein Fuchs, schneller als ein Gepard und auf jeden Fall schneller als du!«

»Oh, bitte, hör auf«, sagte die Schildkröte träge. »Ich habe deine Angeberei satt.«

»Ich hör nicht auf!«, schrie der Hase. »Ich bin schneller als du! Ich bin schneller als du!«

»Na gut«, sagte die Schildkröte. »Lass uns das ein für alle Mal klären. Machen wir morgen ein Wettrennen.« Der Hase war einverstanden, denn ihm war klar, dass er nie und nimmer verlieren würde.

Am nächsten Tag versammelten sich alle Tiere auf dem Feld, um den Hasen anzufeuern. Die Schildkröte würde ja sowieso nicht gewinnen. Sie war zu langsam und der Hase war zu schnell. Es war einfach physisch ein Ding der Unmöglichkeit.

Kurz vor dem Start wurde es still auf dem Feld. »Drei, zwei, eins, los!«, rief eine Eule, und das Wettrennen begann.

Der Hase schoss sofort los und verschwand in einer Staubwolke. Die Schildkröte dagegen setzte bedächtig einen Fuß vor den anderen. Schon nach wenigen Sekunden lag der Hase uneinholbar vorn.

Er drehte sich um, aber er konnte die Schildkröte nirgendwo mehr sehen. »Ich bin so weit vorn«, dachte er. »Ich glaube, ich mache hier unter dem Baum ein kleines Nickerchen. Sie holt mich schon nicht ein.«

Der Hase rollte sich im Schatten des Baums zu einer warmen kleinen Kugel zusammen und schlief ein.

Nach einer Weile wurde er von fernem Jubel geweckt. »Was ist denn da los?«, wunderte er sich. Wie der Blitz rannte er zur Ziellinie, und da stand die Schildkröte mit einer Medaille um den Hals.

»Das ist unmöglich!«, rief der Hase. »Ich bin viel schneller als die blöde Schildkröte! Sie hat bestimmt geschummelt!«

»Ich habe nicht geschummelt«, sagte die Schildkröte. »Du hast unter dem Baum geschlafen und ich bin einfach an dir vorbeigestapft. Mit Ausdauer und Beharrlichkeit gewinnt man immer.«

»Aber das kann doch gar nicht sein«, widersprach der Hase. »Ich war so weit vor dir, ich hätte sechs Stunden schlafen können und wäre immer noch Erster geworden.«

»Du hast verloren«, sagte die Schildkröte barsch. »Jetzt hör auf zu jammern.«

Geknickt ging der Hase nach Hause, um die Niederlage zu verdauen. Aber trotzdem … An der Sache war irgendwas faul. Er war ein Hase, verdammt noch mal! Hasen sind viel schneller als Schildkröten. Das weiß doch jedes Kind. Wenn man die Leute fragt, was das typischste Merkmal einer Schildkröte ist, würde jeder sagen: »Sie ist langsam.« Garantiert. Vielleicht noch: »Sie hat einen Panzer«, aber am ehesten: »Sie ist langsam.«

In dieser Nacht pinnte der Hase Fotos an seine Schlafzimmerwand und verband sie mit Fäden. Er wollte unbedingt rauskriegen, wie die lahme Schildkröte es geschafft hatte, ihn zu besiegen. Er musste es einfach wissen, und wenn es ihn umbrachte.

Nach drei Tagen und drei Nächten war der Hase fix und fertig, aber plötzlich hatte er eine Erleuchtung. Er kroch aus seinem Bau und wankte zum Haus der Schildkröte, ein ungewaschenes und stinkendes Schreckgespenst für jeden, dem er begegnete.

Er hämmerte so laut an die Tür der Schildkröte, dass das ganze Feld es hören konnte.

»Schildkröte!«, rief er. »Du lässt dich von den Russen finanzieren!«

Drei Minuten später machte die Schildkröte die Tür auf. Diesen Vorwurf durfte sie eindeutig nicht auf die leichte Schulter nehmen.

»Es war ein fairer Wettkampf, und ich habe gewonnen! Ich bin die Schildkröte des Volkes!«, schrie die Schildkröte.

»Ach ja?«, rief der Hase. »Und wie erklärst du DAS HIER?«

Triumphierend schlug der Hase gegen die Wand des Schildkrötenhauses, woraufhin eine Geheimtür aufsprang. Dahinter stand ein Paar chromglänzende Jet-Skates.

Die Tiere des Feldes schnappten nach Luft.

»Na und?«, meinte die Schildkröte. »Ich habe Jet-Skates. Das beweist überhaupt nichts.«

»Und was steht DA?« Der Hase deutete auf eine Gravur am Hacken der Skates. Da stand »отправлено с любовью от великого лидера«.

»Das ist der Markenname!«, protestierte die Schildkröte.

»Die Marke heißt ›Mit den besten Wünschen vom großen Anführer‹?«, fragte der Hase ungläubig. »Ist es nicht vielmehr so, Schildkröte, dass man nicht mit Ausdauer und Beharrlichkeit gewinnt, sondern durch geheime Absprachen mit den Russen?«

»Es gab keine geheimen Absprachen!«, schrie die Schildkröte und knallte die Tür zu.

Jetzt war dem Hasen klar, dass er einer ganz heißen Sache auf der Spur war. Viele Tage und Nächte lang ging er jedem kleinsten Hinweis akribisch nach und verfolgte alle möglichen Fährten, bis sie sich schließlich zu einem Gesamtbild zusammenfügten. Dann ging er wieder zum Haus der Schildkröte. Sie erwartete ihn schon und hatte sich gemeinsam mit ihren Furcht einflößenden Schildkrötenkindern und unzähligen anonymen Schildkrötenjuristen aus ihrem Anwaltsteam bedrohlich vor der Tür postiert.

»Da ist er ja«, rief die Schildkröte. »Der betrügerische Hase.«

»Betrügerisch?«, erwiderte der Hase. »Den Betrug werfe ich doch gerade dir vor.«

»Das ist eine Hexenjagd!«, schrie die Schildkröte.

»Oh nein, das ist ganz bestimmt keine Hexenjagd«, widersprach der Hase, so ruhig er konnte. »Ich habe die Wahrheit herausgefunden.«

»Und wie lautet diese angebliche Wahrheit, betrügerischer Hase?«, fauchte die Schildkröte ihn an.

»Es gibt belastendes Material«, erklärte der Hase. Langsam und deutlich, damit alle es verstehen konnten, erklärte der Hase, dass die russische Regierung über Jahre hinweg ein Vermögen für Geheimdienstinformationen bezahlt hatte, mit denen sie so viele ausländische Felder wie möglich destabilisieren wollte. Wenn die Tiere jetzt schon glaubten, dass eine Schildkröte ein Wettrennen gegen einen Hasen gewinnen konnte, würden sie bald auch die abwegigste Anti-Feld-Propaganda schlucken.

»Destabilisierung?«, rief die Schildkröte hämisch. »Dafür hast du keine Beweise!«

»Weißt du noch, letzten Monat am See, als die Henne schneller geflogen ist als die Ente? Weißt du noch, auf der Farm vom alten McGregor, als die Maus gegen die Kuh im Boxen gewonnen hat? Jetzt ergibt das alles einen Sinn. Es sind die Russen. Es müssen die Russen sein!«

»Es sind nicht die Russen!«, rief die Schildkröte.

»Sind sie doch!«, rief der Hase.

»Covfefe!«, rief die Schildkröte.

»Was?«, rief der Hase.

»Na gut, wir waren es«, sagte eine Stimme mit einem starken Akzent hinter der Tür der Schildkröte. Die Tür ging auf, und da stand Wladimir Putin höchstpersönlich.

Putin sagte, da der Hase sowieso schon alles herausgefunden habe, könne er seine Machenschaften auch zugeben. Vor mehreren Jahren, so berichtete er, habe er die Schildkröte nach Moskau eingeladen. Er habe sie luxuriös bewirtet und sie am Abend mit Dutzenden Edel-Schildkröten-Sexarbeitern versorgt.

Die Schildkröte habe die Sexarbeiter auf ein Foto des Hasen urinieren lassen, was sie offensichtlich sehr befriedigt habe. Aber die Schildkröte habe nicht gewusst, dass die russische Regierung alles heimlich filmte, um sie später damit zu erpressen.

Und so hatte die Schildkröte in ihrer tiefen Beschämung keine andere Wahl, als Putins Befehlen zu gehorchen und das Feld langsam, aber stetig mit dem schleichenden Gift von Falschinformationen über Putins Rivalen zu infiltrieren. Das Wettrennen war die zweite Phase von Putins Plan, aber weder Putin noch die Schildkröte hatten erwartet, dass der Hase ein so guter Detektiv war.

»Jetzt ist es aus!«, freute sich der Hase, als er die Wahrheit gehört hatte.

»Nein, ist es nicht«, erwiderte Putin. Die Mainstream-Medien, so erklärte er, verbreiteten inzwischen so übertrieben rasant eine Panik nach der nächsten, dass er die Story von der russischen Schildkrötenverschwörung, wenn sie denn veröffentlicht würde, innerhalb von Minuten wieder aus den Nachrichten rausdrängen könne, indem er die Schildkröte einfach etwas Seltsames sagen oder etwas Bescheuertes twittern ließe. »Du hast verloren, Genosse Hase«, lachte Putin.

»Nein, diesmal nicht, Freundchen«, sagte der Hase. »Diesmal werden wir das Richtige tun.«

Und anstatt durch eine öffentliche Demontage der Schildkröte einen sofortigen, aber kurzfristigen Sieg zu genießen, gründete der Hase eine kleine Graswurzelbewegung, die ausdrücklich die Ideale von Fairness und Toleranz propagierte. Es war harte Arbeit, aber nach und nach überzeugte der Hase alle Tiere, sich wieder auf die Grundtugenden zu besinnen, die das Feld vor langer Zeit zu einem einflussreichen, leuchtenden Vorbild für das Gute gemacht hatten. Bald verstanden die Tiere, dass es stetige Mühe kostete, eine funktionierende Feldgesellschaft aufrechtzuerhalten. Alle waren bereit, ihren Teil beizutragen, und nach kurzer Zeit waren sie eine kompetente und motivierte Gemeinschaft. Und Putin scheiterte mit seinem Plan, denn selbst eine ausländische Macht, die mit viel Geld das Ergebnis eines Wettrennens zu ihrem privaten Nutzen manipuliert, kann gegen eine kompetente und motivierte Bevölkerung nichts ausrichten.

Und die Moral von der Geschichte ist ganz einfach: Schildkröten sind Arschlöcher.

Jack und die nachhaltig produzierte Fleischersatzranke

E s war einmal eine alte Witwe, die lebte mit ihrem Sohn Jack auf einem Bauernhof. Alle Tage half Jack seiner Mutter bei der Arbeit: Er schlachtete die Hühner, schlug die Kühe tot und zermalmte die Ziegen zu einem unidentifizierbaren Brei. Jack und seine Mutter waren fleißig und arbeiteten hart, dennoch waren sie bitterarm.

»Was fangen wir nun an?«, jammerte die Witwe eines Morgens. »Wir haben nicht genug Geld für ein mechanisches Bolzenschussgerät, mit dem wir die Kühe töten könnten. Wir müssen unseren Haushund, die alte Bella, auf dem Markt verkaufen, dann reicht das Geld für die Mordwaffe.«

»Gut, Mutter«, erwiderte Jack. »Heute ist Markttag im Dorf. Ich ziehe los und verkaufe die alte Bella.«

Jack nahm den Hund an die Leine und machte sich auf den Weg zum Markt. Er war gerade durch die Gartenpforte getreten, da traf er einen seltsamen alten Mann, der lächelte und zu ihm sprach: »Guten Morgen, Jack.«

»Woher kennt Ihr meinen Namen?«, fragte Jack.

»Nun, Jack«, sagte der alte Mann geheimnisvoll, »wohin des Weges?«

»Ich möchte zum Markt, um unseren Hund zu verkaufen«, erwiderte Jack.

»Der Markt ist weit«, sagte der alte Mann. »Aber vielleicht kann ich dir helfen. Ich will einen Handel mit dir machen. Gib mir deinen Hund, dann sparst du dir den Weg zum Markt, und du kriegst dafür die hier.«

Der alte Mann sah sich um, ob auch niemand sie beobachtete, und öffnete die Faust. In seiner Hand lagen drei kleine Würfel Seidentofu.

»Was ist das?«, fragte Jack.

»Das ist Zaubertofu. Möchtest du wissen, welche magische Kraft in diesem Tofu steckt? Er ist reich an Aminosäuren, Eisen, Kalzium und anderen …«

»Danke, Mister!«, sagte Jack schnell und schnappte sich den Tofu aus der Hand des alten Mannes.

»Aber ich wollte dir noch erklären, wie gesund …«

»Auf Wiedersehen!«, rief Jack, schmiss dem Mann Bellas Leine hin und lief, so schnell er konnte, nach Hause.

Seine Mutter war von Herzen froh, als er zurück-kehrte. »Du guter Junge!«, rief sie. »So sag mir doch, wie viel Geld hast du auf dem Markt für die alte Bella bekommen?«

Lächelnd griff Jack in die Tasche. »Ich habe etwas noch Wertvolleres als Geld bekommen, liebe Mut-ter. Sieh nur, das ist ...«

»Ist das TOFU?«, schrie seine Mutter voller Ent-setzen.

»Ja, Mutter«, erwiderte Jack. »Ernährungswis-senschaftler schätzen ihn wegen seines hohen Pro-tein...«

»Wie kannst du es wagen!«, tobte seine Mutter. »Unter gar keinen Umständen wirst du Tofu essen! Ich weiß genau, wie das läuft. Erst ist es nur Tofu, dann interessierst du dich plötzlich für modernen Tanz, und ehe du dich versiehst, hast du einen Pop-up-Store für homöopathische Heilkristalle in einem gentrifizierten Viertel.«

»Es muss ja nicht gleich so krass ausarten«, mur-melte Jack irritiert, aber da war es schon zu spät. Jacks Mutter hatte sich die Tofuwürfel geschnappt und sie zum Fenster hinausgeworfen.

»Jetzt isst du diesen Teller tote Ziege, und dann marsch ins Bett mit dir«, brüllte sie ihn an.

Als Jack am nächsten Morgen erwachte und den Vorhang an seinem Fenster aufzog, traute er seinen

Augen nicht. Der Tofu hatte über Nacht gekeimt und war zu einer gewaltigen Tofuranke geworden, die hoch bis in die Wolken reichte.

Neugierig sprang Jack auf die Ranke und kletterte und kletterte und kletterte in die Höhe, und zuletzt erreichte er den Himmel. Dort lag eine lange Straße vor ihm, die quer durch die Wolken bis zu einem mächtigen Schloss in der Ferne führte.

Jack lief die Straße entlang. Aber gerade als er beim Schloss angekommen war, tauchte am Horizont ein fürchterlicher Riese auf, der hungrig schnupperte. Dann rief er mit donnernder Stimme:

Fi, Fei, Fo, Fatz,
ich wittre nachhaltig produzierten
      Fleischersatz.

Jack bekam es mit der Angst zu tun. Er versteckte sich hinter einer Wolke, aber vergeblich. Der grässliche Riese hatte ihn schon erspäht. Mit einer raschen Bewegung schnappte er sich den Jungen, hob ihn hoch und hielt ihn sich vor die Augen. Jack wandte angeekelt den Kopf ab, denn der Atem des Riesen stank nach Edamame-Bohnen.

»He, Junge!«, brüllte der Riese. »Was willst du hier?«

»Bitte friss mich nicht!«, jammerte Jack in Todesangst. »Ich bin nur ein einfacher Bauernjunge. Ich will dir nichts Böses.«

»Dich fressen?«, erwiderte der Riese. »Warum sollte ich dich fressen? Du bestehst eindeutig aus Fleisch! Igitt! Ich bin doch kein Barbar.« Aus der Weste des Riesen lugte eine Ecke des Extinction-Rebellion-Handbuchs. Seine ganzen Klamotten sahen bei näherer Betrachtung verdächtig so aus, als seien sie von einem indischen Frauenkollektiv mit Ethiksiegel aus Recyclingstoff genäht worden.

»Was willst du denn von mir?«, fragte Jack eingeschüchtert.

»Hast du vielleicht Facon dabei?«

»Facon?«

»Facon. Fake Bacon. Veganer Speck.«

»Werter Herr«, erwiderte Jack. »Zu meinem Leidwesen habe ich so etwas nicht bei mir.«

»Was dann?«, brüllte der Riese. »Quorn? Mock Duck? Tofurky? Ein leckeres Linda-McCartney-Würstchen? So ein feines vegetarisches Würstchen könnte ich jetzt wegspachteln wie nichts.«

»Guter Riese, da kann ich dir leider nicht helfen«, sagte Jack. »Ich bin nur ein einfacher Junge von einer Fleischfarm, und ...«

»Fleischfarm?«, wiederholte der Riese. »Igitt! Weißt du denn nicht, wie grausam der Fleischkonsum von euch Menschen ist?«

»Nein, guter Riese«, sagte Jack.

»Okay, warte mal kurz.« Der Riese setzte Jack wieder ab. »Drüben im Schloss habe ich *Cowspiracy* auf DVD. Kennst du die Doku? Als ich gesehen habe, unter welchen Bedingungen die armen Kühe gehalten werden, habe ich keinen einzigen Bissen Fleisch mehr runterbekommen.«

Der Riese lief zum Schloss, um sich mit proveganen Fanartikeln zu bewaffnen. Da witterte Jack die Chance zur Flucht. Schnell wie der Blitz lief er zurück zur Tofuranke und begann hinunterzuklettern. Er war aber noch nicht weit gekommen, als der Riese zurückkehrte.

»Ich hab dir auch ein Jackfrucht-Curry-Rezept ausgedruckt, das du vielleicht … Hey!«, rief der Riese, als er sah, wie sein neuer Freund durch die Wolken abhaute. »Komm zurück!«

Jack konnte es noch nicht in Worte fassen, aber er hatte irgendwie Schiss vor dieser neuen, alternativen Ernährungsform und flitzte die Ranke hinunter, so schnell er konnte. Der Riese jedoch war ihm dicht auf den Fersen.

»Jetzt warte doch mal kurz!«, rief der Riese, als er mühsam die Ranke hinunterkraxelte. »Ist ja okay, wenn du nicht sofort drauf abfährst, aber du könntest dich wenigstens vernünftig darüber informieren.«

In diesem Moment rutschte der Riese plötzlich ab. Seine Pranke griff ins Leere, und der gewaltige Kerl stürzte in die Tiefe. Er rief Jack noch zu: »Denk an die CO_2-Emissionen!«, dann knallte er mit einem gigantischen Klatsch auf die Erde.

Vom Aufprall des Riesen wurde Jacks Mutter geweckt. Sie lief im Nachthemd aus dem Haus, gerade als Jack am Fuße der Ranke angelangt war.

»Du törichter Junge!«, rief sie. »Was hast du nur getan? Wir sind ruiniert! Ruiniert!«

Aber da kullerte aus der riesigen Tasche des Riesen eine riesige Kugel. Sie war so groß wie fünf Kühe und roch köstlich.

»Was ist denn das?«, wunderte sich Jacks Mutter, brach ein Stückchen ab und kostete es. »Das ist … Das ist … Ist das Okara? Das ist ja wahnsinnig lecker.«

Jack nahm etwas davon auf den Finger und probierte ebenfalls. »Wow!«, rief er. »Das schmeckt ja viel besser als Fleisch. Wie genial! Eine ethisch einwandfreie und vielseitig verwendbare Proteinbombe!«

»Jack«, schluchzte seine Mutter. »Du hast uns gerettet. Du hast uns alle gerettet. Lass die Kühe frei. Verbrenn die Hühnerschlachtmaschine. Wir müssen nicht mehr von Fleisch leben. Dein toter Riesenfreund hat mich zur Einsicht gebracht!«

»Ach ja, wegen dem Riesen«, sagte Jack. »Meinst du, er hat vielleicht irgendwie Familie, der wir Bescheid sagen sollten?«

»Ach, Quatsch!«, rief seine Mutter. »Wir können doch jetzt Okara essen!«

Jack und seine Mutter tanzten vor Freude, und wenn sie nicht gestorben sind, dann leben sie noch heute.

Der Mann, der niemanden mehr
umarmen konnte

Es war einmal ein Mann, der niemanden mehr umarmen konnte. Eines Tages bekam er Besuch von seiner Nichte.

Am Flughafen lief die Nichte mit ausgebreiteten Armen auf ihn zu. »Onkel, Onkel!«, rief sie. »Viele Jahre sind ins Land gegangen, und ich habe dich so sehr vermisst. Mancherlei möchte ich dir erzählen, liebster Onkel! Bitte, nimm mich in den Arm wie früher, als ich ein kleines Kind war!«

Der Mann zuckte zusammen und trat einen Schritt zur Seite. »SPINNST DU?«, schrie er und versteckte sich hinter einer Säule. »Ich soll dich umarmen? Hier im Flughafen? Vor all den Leuten? Bist du verrückt geworden?«

Die Nichte war verwirrt. »Aber Onkel«, rief sie, »als ich klein war, hast du mich jeden Tag umarmt. Du hast mich huckepack durch den Garten getragen und mich hoch in die Luft geworfen! Bitte, Onkel, nimm mich doch in den Arm wie in alten Zeiten!«

»Das kannst du dir abschminken«, sagte der Mann und hielt ihr vorsichtig eine Einwilligungserklärung hin, in der sie mit ihrer Unterschrift einem kurzen, geschäftsmäßigen Händedruck zustimmen sollte.

Auf der Fahrt nach Hause kamen sie an einem Auto vorbei, das am Straßenrand liegen geblieben war. Die Motorhaube war hochgeklappt, und eine Frau beugte sich in Tränen aufgelöst über den Motor.

Der Mann hielt an und stieg aus. »Hallo, haben Sie ein Problem?«, fragte er die Frau.

»Mein Auto!«, schluchzte sie. »Es ist einfach während der Fahrt ausgegangen. Mein Zuhause ist weit entfernt, und ich habe kein Geld für die Werkstatt. Oh, was soll ich jetzt nur tun?«

Der Mann warf einen Blick in den Motorraum. »Ich glaube, ich weiß, was da kaputt ist«, sagte er zu der Frau. Er krempelte die Ärmel hoch und werkelte ein Weilchen am Motor herum.

»So, versuchen Sie mal«, sagte er dann.

Die Frau drehte den Zündschlüssel, und das Auto sprang problemlos an. Die Frau war überglücklich. Sie stieg aus und lief auf den Mann zu.

»Danke, vielen Dank!«, rief sie überschwänglich. »Jetzt kann ich nach Hause zu meiner Familie fahren! Oh, ich bin Ihnen so dankbar.« Sie breitete die Arme aus und wollte dem Mann um den Hals fallen, aber er ergriff sofort die Flucht.

»Wehe!«, rief er. »Ich weiß schon, worauf Sie aus sind, aber ich lasse mich nicht verhaften! Nie im Leben!«

Der Mann sprang in sein Auto und fuhr davon, so schnell er konnte. Die Frau blieb zurück und kratzte sich am Kopf.

Bald darauf war der Mann zu Hause angekommen. Als seine Nichte ihr Gepäck aus dem Kofferraum holte, flog die Haustür auf. Zwei kleine Kinder rannten freudestrahlend und jubelnd nach draußen.

»Daddy! Daddy!«, schrien sie, als könnten sie es kaum glauben, dass ihr Vater endlich zu ihnen zurückgekehrt war. »Oh, Daddy, wir haben dich so vermisst!« Sie sprangen beide gleichzeitig hoch und segelten mit weit ausgebreiteten Armen durch die Luft, damit ihr Vater sie auffangen konnte.

Der Mann schrie entsetzt auf und ging in Deckung. Mit einem fürchterlichen, dumpfen Knall landeten die Kinder auf dem Boden.

»Um Gottes willen, was ist passiert?«, rief die Ehefrau, die bei dem Aufruhr nach draußen gelaufen war und ihre Kinder schreiend auf der Straße liegen sah.

»Puh, das war knapp!«, sagte der Mann. »Wenn die mich zu fassen gekriegt hätten, wäre ich ruiniert gewesen!«

»Keith, das sind deine Kinder«, sagte seine Frau. »Sie haben sich doch nur gefreut, dich zu sehen.«

»Kapierst du es denn nicht?«, fragte der Mann. »Man darf niemanden mehr umarmen.«

»Ich glaube schon, Onkel Keith«, sagte die Nichte. »Die Sache ist nur ...«

»Nein, darf man nicht!«, unterbrach der Mann sie. »Auf gar keinen Fall! Mein Kollege Ian ist letzte Woche gefeuert worden, weil er jemanden umarmt hat. Das sagen alle.«

»Er ist doch nicht wegen einer Umarmung gefeuert worden«, seufzte seine Frau. »Sondern weil er eine fünfzehn Jahre jüngere Frau immer wieder gezielt belästigt hat.«

»Das ist dasselbe!«, rief der Mann.

»Nein, das ist eigentlich ganz und gar nicht dasselbe«, sagte seine Nichte.

»Ist es wohl!«, schrie der Mann. »Ich habe im *Daily Telegraph* einen Artikel darüber gelesen! Da stand, dass weiße Männer mittleren Alters verhaftet werden, wenn sie Zuneigung zeigen, und dass sie deshalb die letzte echte Minderheit in diesem Land sind.«

»Wow«, sagte seine Frau.

»Daddy, Daddy, warum hast du zugelassen, dass wir uns so wehtun?«, weinten die Kinder und hinkten mit gebrochenen Knöcheln auf ihren Vater zu.

»Weg mit euch! Bleibt mir vom Leibe, ihr Teufel! Ich habe doch gesehen, was Leute wie ihr Donald Trump angetan habt!«, rief der Mann.

»Donald Trump hat niemanden umarmt, du Idiot«, sagte Jane, Keiths Frau. »Er hat unverfroren damit geprahlt, dass er Frauen zwischen die Beine greift.«

»Und er ist auch nie gefeuert worden«, sagte seine Nichte. »Er durfte sogar amerikanischer Präsident werden.«

Jane war besorgt. »Was ist denn los, Keith?« Sie legte ihm die Hand auf die Schulter. »Hast du dir den Kopf gestoßen?«

»NIMM SOFORT DIE HAND VON MEINER SCHULTER, FRAU!«, brüllte der Mann. »WEHE, DU KOMMST JETZT DESWEGEN MIT #METOO UM DIE ECKE! ICH BIN EIN VERHEIRATETER MANN!«

Dann rannte er ins Haus und die Treppe hoch ins Schlafzimmer, wo er in eine raffiniert konstruierte sterile Sicherheitskugel aus Plastik stieg, die er bei eBay von einem auf Immunschwäche spezialisierten Arzt im Ruhestand gekauft hatte.

Und darin blieb er bis an sein Lebensende, in der festen Überzeugung, den Krieg gegen weiße Männer mittleren Alters, der bloß in seiner Fantasie existiert hatte, gewonnen zu haben.

Der große pazifische Müllstrudel

Eines Morgens erwachte der große pazifische Müllstrudel, reckte und streckte sich und wälzte seine 80 000 Tonnen Abfall im warmen Ozean hin und her. Zu seiner Linken erblickte er Japan. Zu seiner Rechten erblickte er Kalifornien. Sonst war nichts und niemand in seiner Nähe. Er seufzte. Wie jeden Tag war er auch heute mutterseelenallein.

Klar, er hatte schon von den anderen großen subtropischen Müllstrudeln gehört, die sonst wo in den Weltmeeren vor sich hin kreiselten. Vom Müllstrudel im Indischen Ozean, der so groß war, dass die Einheimischen ihn für Wrackteile eines abgestürzten Passagierflugzeugs gehalten hatten. Vom nordatlantischen Müllstrudel, der eigentlich keine besonders große Nummer war, sich aber trotzdem tapfer bemühte, so viele Fische wie möglich zu vergiften, indem er unaufhörlich Mikroplastik produzierte.

Er hatte von ihnen gehört, aber er hatte sie nie

kennengelernt. Denn er wusste, wenn er jemals mit den anderen zusammenträfe, würden sie einfach von ihm verschluckt werden, und dann wäre er genauso einsam wie vorher. Oh, wie sehr sehnte sich der große pazifische Müllstrudel nach Gesellschaft!

Aber es sollte nicht sein. Er hatte sich inzwischen damit abgefunden. Ihm war klar, dass jede Freundschaft mit ihm zum Scheitern verurteilt war. Die Schildkröten, mit denen er sich anfreunden wollte, verfingen sich in seinen weggeworfenen Fischernetzen. Die Möwen, mit denen er sich anfreunden wollte, erstickten an gebrauchten Kondomen und dümpelten schließlich als verweste Skelette umher, die man nur noch an ihren kleinen Schnäbeln erkannte. Einmal hatte er sogar versucht, sich mit einem Pottwal anzufreunden, aber dann fraß der Wal dreißig Kilo Plastiktüten, Taue und Glas, bekam eine Bauchfellentzündung, starb und wurde an einen Strand gespült, und eine Umweltorganisation veröffentlichte ein Foto seines Mageninhalts auf Twitter. Für ein erstes Date, fand der Müllstrudel, war das irgendwie suboptimal gelaufen.

Und so blieb dem großen pazifischen Müllstrudel nichts anderes übrig, als einfach weiter in der Strömung zu treiben. Tag für Tag wogte er ziellos im Ozean umher, die traurigste schwimmende Riesenmüllhalde, die die Welt je gesehen hatte. Zum Zeitvertreib schleuste er so viel Gift in die Nahrungskette, dass die Menschheit langsam daran zugrunde ging, aber bis er damit fertig wäre, würde es mindestens noch zwanzig oder dreißig Jahre dauern. Vielleicht war es das Beste, einfach aufzugeben.

Aber in diesem Moment geschah etwas Wunderbares. Ein Zauberwesen schwebte aus dem Himmel herab. Es war eine blaue Fee, kaum größer als Hawaii. Mitleidig betrachtete sie die trübsinnige, Millionen Quadratkilometer große Müllinsel. »Du siehst traurig aus, großer pazifischer Müllstrudel«, sagte sie.

»Blaue Fee, ich bin unglücklich«, erwiderte der Müllstrudel. »Ich bin so einsam. Alles, was ich berühre, muss sterben. Ich bin wie König Midas – oder wie hieß dieser Typ, der mit seiner Berührung Delfine in Gelbe Tonnen verwandelt hat?«

»Großer pazifischer Müllstrudel«, sagte die Fee. »Ich kann dein Leid lindern. Ich werde deinen Wunsch erfüllen, denn ich habe die Macht, dich zu verwandeln.«

»In was denn?«, fragte der Müllstrudel.

»Das ist ganz allein deine Entscheidung, also überlege es dir gut«, sagte die Fee. »Ich würde jedoch vorschlagen, dich in Tausende Quadratkilometer Schelfeis in der Antarktis zu verwandeln, um den Folgen des Klimawandels entgegenzu...«

»Ich möchte ein richtiger Junge sein!«, platzte der Müllstrudel heraus.

»Was?«, fragte die Fee.

»Ja, ein echter Junge!«, rief der Müllstrudel. »Das hast du doch bei dieser Holzpuppe in Italien gemacht, also geht es auch bei mir.«

»Aber aus ökologischer Sicht wäre es vielleicht besser, wenn ...«

»Ist das jetzt mein Wunsch oder deiner?«, sagte der Müllstrudel patzig. Er war echt eine Diva.

»Klar ist es deiner, aber ...«

»Na dann los, verwandel mich in einen echten Jungen!«, verlangte der Müllstrudel. »Wenn ich groß bin, kann ich ja ein bekannter Umweltaktivist werden und der ganzen Welt die Zerstörung der Natur vor Augen führen, bis die Menschen endlich Verantwortung übernehmen und gemeinsam an einer tragfähigen Zukunft für die kommenden Generationen arbeiten.«

»Meinetwegen«, grummelte die blaue Fee. »Ich verwandle dich in einen echten Jungen, aber ich stelle dir ein offizielles Gewissen zur Seite, das dich auf dem Pfad der ökologischen Tugend hält. So geh denn hin, großer pazifischer Müllstrudel, und sei ein guter Mensch.«

Dann schnippte die blaue Fee mit den Fingern und verschwand in einer Rauchwolke.

❦

Eines Morgens erwachte ein Junge, reckte und streckte sich, aber seine Arme und Beine reichten nicht bis an das Kopf- und Fußende seines Bettes. Er hatte ein Bett! Er hatte Arme und Beine! Zu seiner Linken erblickte er eine Zimmerwand, die liebevoll mit Fotos seiner Familie geschmückt war. Er hatte ein Zuhause! Er hatte eine Familie! Er war keine schwimmende Müllinsel mehr! Er war ein echter Junge!

»Hallo, Partner!«, rief ein dünnes Stimmchen neben ihm.

Der Junge wandte den Kopf und erblickte auf seinem Nachttisch eine Diamantschildkröte mit einem kleinen Zylinderhut auf dem Köpfchen.

»Wer bist du?«, fragte der Junge.

»Na, ich bin's«, erwiderte die Schildkröte. »Dein alter Kumpel Jurtley Turtle. Ich bin dein Gewissen! Die blaue Fee hat mich engagiert, damit du dich anständig benimmst.«

»Mein liebes Gewissen«, sagte der Junge. »Es ist so gemütlich hier. Was ist das für ein Ding, auf dem ich liege?«

»Das nennt man eine Matratze«, antwortete die Diamantschildkröte.

»Und woraus besteht sie?«, fragte der Junge. »Ist sie umweltverträglich?«

»Tja, ich sag's nur ungern«, meinte die Schildkröte, »aber sie besteht aus einer Mischung von Polyurethanschaum, der aus Erdöl hergestellt wird, Formaldehyd, giftigen Flammschutzmitteln und Borsäure. Wenn du sie irgendwann wegschmeißt, gammelt sie höchstwahrscheinlich noch Hunderte von Jahren auf einer Müllkippe vor sich hin.«

Der Junge schwieg einen Moment.

»Aber gemütlich, oder?«, meinte er dann.

Jurtley Turtle blickte ihn scharf an. Dann sagte er: »Hey, du bist jetzt ein richtiger Junge, und richtige Jungen können nicht den ganzen Tag im Bett rumliegen. Steh auf, du musst in die Schule!«

Der Junge warf einen Blick aus dem Fenster. Es regnete. »Ich hab aber keine Lust, durch den Regen zu laufen«, sagte er. »Ich glaub, ich ruf mir ein Taxi.«

»Spinnst du?«, rief die Schildkröte. »Selbst wenn das Taxi ein E-Auto ist – und das ist sehr unwahrscheinlich –, verursacht der schwere Akku stärkeren Reifenabrieb, und es entsteht so viel Feinstaub, dass der Grenzwert weit überschritten wird.«

Der Junge starrte die Schildkröte an. Dann seufzte er und griff nach seinem Handy.

»EIN HANDY?«, schrie die Schildkröte entsetzt. »Oh Mann, die Dinger sind richtig Kacke! Da stecken Rohstoffe drin, die für ein Heidengeld aus den Tiefen der Erde gekratzt werden, deshalb haben sie eine katastrophale CO_2-Bilanz. Außerdem willst du in ein paar Jahren ein neues haben, und dann ist das Ding ein Haufen Sondermüll. Und wenn ich erst daran denke, wie viel fossile Brennstoffe die Rechenzentren verpulvern, über die deine cloudbasierten Apps laufen ...«

Der Junge nahm ein leeres Marmeladenglas vom Nachttisch. »Liebes Gewissen, bist du so nett und kriechst mal kurz hier rein?«, bat er.

»Klar!«, erwiderte Jurtley Turtle und kletterte in das Glas. »Ich liebe Mehrweggläser. Obwohl – die industrielle Marmeladenherstellung ist ökologisch gesehen auch nicht gerade das Gelbe vom Ei, weil ...«

Während die Schildkröte eine Brandrede über Big Jam vom Stapel ließ, schraubte der Junge still und heimlich den Deckel auf das Marmeladenglas, steckte es in die Tasche seines Schlafanzugs und ging nach unten. In der Küche nahm er eine Flasche Evian aus dem Kühlschrank.

»WASSER AUS DER FLASCHE?!«, ertönte Jurtley Turtles gedämpftes Geschrei aus dem Glas. »Da drüben ist doch ein 1-a-Wasserhahn! Oh

Gott! Du bringst den Planeten um! Du tötest die Erde!«

Da ließ der Junge das Glas in einer Schublade verschwinden und machte einfach ohne die Schildkröte weiter. Er gab sich natürlich trotzdem Mühe, aber er lebte nun mal leider in einer Welt, in der Ideale schnell verraten werden. Na ja, wenigstens schwamm jetzt keine Riesenmüllhalde mehr im Ozean rum, das war ja immerhin etwas.

Hänsel und Gretel,
die beiden Arschlöcher

An einem großen Walde wohnte ein armer Holz-
hacker mit seinen Kindern. Es waren Zwillinge,
das Bübchen hieß Hänsel und das Mädchen Gretel. Ihre Mutter war kurz nach ihrer Geburt gestorben, und der Holzhacker hatte sich eine neue Frau
genommen. Die aber war grausam, geizig und auf-
dringlich und wollte ständig im Mittelpunkt stehen.

Eines Tages kam eine große Hungersnot. Der
Holzhacker sorgte sich, denn es mangelte ihnen am
täglichen Brot. »Was soll aus uns werden?«, fragte
er seine Frau verzweifelt. »Wie können wir unsere
armen Kinder ernähren, da wir für uns selbst nichts
mehr haben?«

Seine Frau hatte eine Idee. »Es ist nicht genug für
alle«, sagte sie zu ihm. »Deshalb machen wir es so.
Morgen in aller Frühe führen wir die Kinder hinaus
in den Wald, wo er am dichtesten und dunkelsten
ist, da machen wir ihnen ein Feuer an. Dann lassen
wir sie am Feuer allein und schleichen uns davon.

Sie finden den Weg nicht wieder nach Haus, und wir sind sie los.«

Hänsel und Gretel aber, die vor Hunger nicht schlafen konnten, hatten alles gehört. Gretel weinte bittere Tränen darüber, dass der Vater sie verraten wollte. »Unsere Stiefmutter ist eine böse Frau«, jammerte sie. »Sie will, dass wir tot sind, damit sie ihn ganz für sich allein hat.«

»Sei getrost, liebes Schwesterchen«, sagte Hänsel. »Schlaf nur ruhig ein, ich weiß schon genau, was wir tun müssen.«

Später, als alle schliefen, zog Hänsel sich an, schlich in die Küche und füllte sich die Taschen mit den letzten Krumen Brot.

Am nächsten Morgen kam die Stiefmutter und weckte die beiden. »Steht auf, ihr undankbaren Kinder!«, rief sie. »Wir müssen in den Wald gehen und Feuerholz sammeln.«

»Wir hassen dich!«, schrie Hänsel als Antwort. »Wir haben dich von Anfang an gehasst!«

Aber schließlich machten sie sich alle zusammen auf den Weg in den Wald. Dabei warf Hänsel kleine Bröcklein Brot auf die Erde, diese Spur sollte sie wieder nach Hause führen.

Als sie im tiefsten, dunkelsten Teil des Waldes waren, machte der Vater ein Feuer für seine Kinder an. »Wir sind lange gelaufen, und ihr seid müde«, sagte er. »Ruht euch am Feuer aus, wir gehen in den Wald und hauen Holz. Wenn wir fertig sind, kommen wir wieder.« Und er ging mit seiner Frau davon.

Stunde um Stunde verging, aber der Vater kehrte nicht zurück. Es wurde Nacht, und Gretel begann zu weinen. »Nun ist's um uns geschehen, Hänsel!«, schluchzte sie. »Unser Vater hat uns allein gelassen, und wir kennen den Weg aus dem Walde nicht!«

»Sei getrost, liebes Schwesterchen«, erwiderte Hänsel. »Ich habe auf dem Wege Brot ausgestreut. Wir werden schon nach Hause finden. Wir müssen nur den Bröcklein folgen.«

Aber sie konnten den Bröcklein nicht folgen, denn die Vögel und die Tiere des Waldes hatten das ganze Brot aufgefressen. Gretel begann wieder zu weinen, denn sie wusste, dass alle Hoffnung vergebens war, aber Hänsel fasste Mut. »Sei getrost, liebes Schwesterchen«, sagte er wieder. »Wir finden schon den Weg nach Hause.«

Hänsel und Gretel gingen die ganze Nacht und noch einen Tag von Morgen bis Abend und wieder bis in die Nacht, aber sie fanden nicht nach Hause. Sie gerieten immer tiefer in den Wald, wo sie ihr Lebtag noch nicht gewesen waren, und nun waren sie beide bang und hungrig und mutterseelenallein.

Aber da erblickten sie durch die Bäume ein Haus. Es war ein seltsames Haus, ganz aus Lebkuchen und süßem Brot gebaut. »Das ist unsere Rettung, Schwesterchen«, flüsterte Hänsel triumphierend. »Wir brechen uns Stücke vom Haus ab und füllen uns damit die Taschen, so haben wir auf dem Weg nach Hause genug zu essen.«

Hänsel reckte sich und riss ein großes Stück vom Dach herunter. »Dürfen wir das denn?«, fragte Gretel. »Natürlich dürfen wir das«, erwiderte Hänsel. »Wir müssen ja etwas essen, wenn wir zu unserem Vater zurückfinden wollen.«

Hänsel brach weiter fleißig Stücke vom Haus herunter, und so bemerkte er nicht, dass eine böse Hexe aus der Türe trat. Sie war steinalt, gebeugt und runzelig. Ihr Haar war grau und ihre Nase voller Warzen. Sie sah abscheulich aus.

»Hört auf damit!«, krächzte die Hexe mit grausiger Stimme. »Ihr bösen Kinder zerstört mein Haus!«

»Bitte vergib uns«, bat Gretel. »Wir haben uns verlaufen und sind hungrig, wir möchten nur zu unserem Vater zurück. Das mit dem Haus tut uns echt leid.«

»Ihr habt euch verlaufen?«, sagte die Hexe. »Ihr seid ganz allein? Oh, ihr Armen. Na, dann kommt mal lieber rein. Ich koche euch ein anständiges Essen, und ihr könnt in meinem Gästebett schlafen, und morgen suchen wir zusammen euren Vater.«

Hänsel war die Sache suspekt, aber er war zu müde, um zu widersprechen. Sie gingen mit der Hexe ins Haus und setzten sich in die Küche. »Ich muss den Backofen einheizen«, sagte sie zu den Kindern. »Er ist groß genug für zwei kleine Schweinchen.«

Hänsel sah Gretel und sich selbst an und dann den Ofen. Da würden sie tatsächlich beide hineinpassen.

»Aber wie seht ihr denn aus«, fuhr die Hexe fort. »Ihr seid ja ganz abgemagert! Ihr müsst erst mal ordentlich aufgepäppelt werden.« Dann leckte sie sich die Lippen.

Hänsel riss erschrocken die Augen auf. Ohne zu überlegen, sprang er vom Stuhl und gab der Hexe einen kräftigen Stoß, sodass sie mit dem Kopf gegen die Ofentür prallte. Mit schmerzverzerrtem Gesicht sank sie zu Boden.

»Uns wirst du nicht fressen, Hexe!«, rief er.

»Was?«, erwiderte die Hexe. »Wer ist denn hier eine Hexe?«

»Du!«, schrie Hänsel. »Das hab ich sofort erkannt!«

»Du irrst dich, mein Kind«, sagte die Hexe. »Ich bin eine ganz normale alte Frau.«

»Ach ja? Und wo ist dein Mann?«, fragte Hänsel.

»Ich bin nicht verheiratet«, sagte die Hexe.

»Weil du eine HEXE bist!«, brüllte Hänsel.

Die Hexe war fassungslos. »Nein, nicht weil ich eine Hexe bin, sondern weil ich keine Lust hatte zu heiraten. Um ehrlich zu sein, fand ich es nicht mehr zeitgemäß, sich fürs ganze Leben an einen einzigen Partner zu binden.«

»Dann erklär mir doch mal«, rief Hänsel, »warum du so tief im Wald wohnst, wenn du keine Hexe bist?«

»Ich wohne hier doch nicht, du Idiot«, erwiderte die Hexe. »Ich bin Künstlerin und habe im Auftrag der Forstverwaltung eine Großskulptur errichtet, die die Fragilität der Nahrungskette darstellt. Wer wäre denn so bescheuert, in einem Haus aus Lebkuchen zu wohnen?«

»Aber wenn du hier gar nicht wohnst, warum bist du dann heute Abend hier?«, wollte Hänsel wissen.

»Um den Ofen anzuheizen«, erklärte die Hexe. »Die Lebkuchen auf dem Dach müssen noch durchtrocknen. Danach wollte ich mit euch in meine Wohnung fahren. Da ist auch das Gästebett.«

Hänsel schloss die Augen und versuchte zu kapieren, was hier eigentlich los war.

»Moment mal«, sagte die Hexe. »Hast du gedacht, ich bin eine Hexe, nur weil ich alt und unverheiratet bin? Hast du mich etwa sofort in diese Schublade gesteckt?«

»Ja«, murmelte Hänsel.

»Meine Güte, Junge, dein ganzes Wertesystem ist ja von vorgestern«, erwiderte die Hexe, die in Wirklichkeit eine angesehene und vielfach ausgezeichnete Konzeptkünstlerin namens Judith Miller war.

»Bitte«, weinte Gretel, und die Tränen stürzten ihr aus den Augen. »Sie müssen uns helfen! Unser Vater ist mit einer bösen Frau verheiratet.«

»Ach ja?«, fragte die Hexe. »Warum ist sie böse?«

»Weil sie nicht unsere Mutter ist!«, rief Hänsel trotzig.

»Hat sie eure Mutter umgebracht?«, wollte die Hexe wissen.

»Nein, aber sie hat unseren Vater geheiratet, nachdem Mutter gestorben war.«

»Dann hasst ihr sie also, weil sie eurem Vater geholfen hat, eine Zeit tiefer Trauer hinter sich zu lassen?«

»Nein!«, rief Hänsel. »Wir hassen sie, weil sie Kinder hasst.«

»Woher wisst ihr denn, dass sie Kinder hasst?«, fragte die Hexe.

»Weil sie keine eigenen hat!«, rief Hänsel.

»Deswegen ist sie noch lange nicht böse, du blöder kleiner Kotzbrocken!«, erwiderte die Hexe. »Vielleicht kann sie ja keine Kinder bekommen. Vielleicht wollte sie einfach keine Kinder. Oder vielleicht liebt sie euren Vater so sehr, dass sie ihre eigenen Bedürfnisse zurückgestellt hat, um mit ihm die Kinder großzuziehen, die er schon hatte. Hast du daran mal gedacht, du riesengroßes Arschloch?«

»Aber sie hat uns im Wald ausgesetzt«, schluchzte Gretel.

»Das würde ich verdammt noch mal genauso machen, wenn ihr mich die ganze Zeit böse nennt«, erwiderte die Hexe. »Und du, Gretel, hast übrigens in der gesamten Geschichte bisher nichts anderes getan, als zu flennen. Wo bleibt deine Selbstermächtigung? Du überlässt alle Entscheidungen deinem Bruder, und der ist ein echter Volltrottel.«

»Moment mal«, protestierte Hänsel.

»Du hast eine Spur aus Brotkrumen gelegt, du Flachpfeife«, sagte die Hexe. »Brotkrumen! Im Wald! Ist doch klar, dass die weggefressen werden. Hast du vielleicht 'ne Idee, was eventuell besser gewesen wäre?«

»Nein«, sagte Hänsel.

»ALLES AUSSER BROT!«, schrie die Hexe.

»Ach ja«, murmelte Hänsel.

»Ich soll sowieso keine Entscheidungen treffen«, warf Gretel ein. »Vater sagt, Frauen sollen kochen, putzen und hübsch aussehen und sonst nichts.«

»*WIE BITTE?*«, schrie die Hexe. »Wo hat er *das* denn aufgeschnappt?«

»Auf Reddit«, erwiderte Gretel. »Er ist Männer-rechtler.«

»Okay, mir reicht's«, sagte die Hexe entrüstet. Dann packte sie Hänsel und Gretel in ihr Auto und fuhr mit ihnen in ihre gemütliche Wohnung in der Stadt. Von diesem Tag an zog sie die beiden auf wie ihre eigenen Kinder, und sie wuchsen in einer offe-nen und vorurteilsfreien Umgebung zu verantwor-tungsbewussten jungen Menschen heran, die sich den toxischen, von der Gesellschaft vorgegebenen Geschlechterrollen widersetzten. Sie waren glück-lich und achtsam, und die Hexe war stolz auf sie.

Und wenn sie nicht gestorben sind, dann leben sie alle noch heute froh und zufrieden. Nur der Holz-hacker verbrachte den Rest seines Lebens damit, YouTube-Trailer für Filme mit weiblichen Haupt-figuren negativ zu bewerten, bis ihn eines Tages seine Frau verließ.

Trumpelstilzchen

E s war einmal ein Müller, der hatte eine Tochter. Eine wunderschöne Tochter. Alle sagen, sie war die schönste Tochter der Welt. Sie war der Knaller, fantastisch, volle Punktzahl. Enorm schön. Wenn ich nicht der Erzähler wäre, würde ich sie küssen wollen. Würde ich wirklich.

Also dieser Müller ist der totale Versager, okay? Der totale Versager. Es ist schlimm. Er geht zum König – übrigens ein sehr guter Freund von mir, macht einen fantastischen Job, großartiger Kerl – und sagt: »Meine Tochter kann Stroh zu Gold spinnen.« Kann sie aber gar nicht. Totale Fake News.

Aber der König glaubt dem Kerl. Lügen-Müller, so nenn ich ihn. Und Lügen-Müller sagt: »Meine Tochter kann Stroh zu Gold spinnen«, und der König – ein hervorragender Mann in jeder Hinsicht, ein guter Freund von mir – sagt: »Großartig, bring sie morgen in meinen Palast.« Und das ist schlau von ihm. Wirklich schlau. Denn wenn sie Stroh zu Gold spinnen kann, ist das fantastisch. Jede Menge

Gold für alle. Und wenn sie es nicht kann, hat er ein hübsches Mädchen für immer in seinem Palast gefangen. Damit sage ich nicht, dass er irgendwas mit ihr machen würde. Das sage ich nicht. Wenn ich der König wäre, wer weiß, aber ich bin nicht der König. Ich bin nur der Erzähler. Sonst nichts.

Am nächsten Morgen bringt Lügen-Müller also seine Tochter zum Palast des Königs – wunderschöner Palast, sehr hübsch – und sie kommt in einen Raum voller Stroh. »Was mache ich hier?«, fragt sie, und der König sagt: »Dein Vater, der Fettsack, hat mir gesagt, dass du Stroh zu Gold spinnen kannst.«

Da hätten Sie das Gesicht der Kleinen sehen müssen, wirklich. Sie heult rum und ruft: »Mein Vater ist ein fieser alter Schwindler!«, aber es ist zu spät. Der König will Gold, also gibt er ihr ein Spinnrad und sagt, er bringt sie um, wenn sie nicht bis zum nächsten Morgen Gold gesponnen hat. Guter Mann, dieser König. Sehr, sehr hart. Manchmal muss man hart sein, okay? Man muss hart sein.

Die Tochter setzt sich aufs Stroh und weint. »Mein Vater ist wirklich eine einzige Schande«, heult sie. »Ich bin vielleicht die heißeste Zuckerpuppe, die man je gesehen hat, aber zaubern kann ich nicht. Oh Gott, er bringt mich um! Wie schade um meinen perfekten Körper.«

Aber da kommt dieser winzige Kerl rein. Merk-

würdiger winziger Kerl, sehr klein, seltsam ausse-
hender Kerl. Ich rede nicht gern so über Leute, wirklich nicht, aber Sie haben davon angefangen. Fangen
Sie nicht von so was an. Ich könnte sagen, ich kom-
mentiere nicht, wie er ausgesehen hat, aber so bin
ich nicht. Hässlich. Er war hässlich. Grotesk. Aber
Sie hätten nicht davon anfangen sollen. Es ist Ihre
Schuld.

Also dieser Kerl fragt: »Warum weinst du?« Die
Tochter sagt: »Ich muss Stroh zu Gold spinnen,
sonst bringt der König mich um, aber ich kann kein
Stroh zu Gold spinnen.« Der Kerl fragt: »Warum
nicht?«, und die Tochter sagt: »Weil ich erst fünfzehn bin.« Ich hab doch erwähnt, dass sie fünfzehn
ist, oder? Nein? Wollte ich noch.

Dadurch ist der Kerl in einer wirklich fantastischen
Verhandlungsposition, weil er jetzt alle Trümpfe in
der Hand hat. Sehr, sehr schlau. Hat gewartet, bis
er alle Trümpfe in der Hand hat. »Was gibst du mir,
wenn ich dir das Stroh zu Gold spinne?«, fragt er.

»Ich habe nichts, was ich dir geben kann«, sagt
sie. »Ich besitze nichts auf der ganzen weiten Welt,
weil mein Vater ein fetter Versager ist.«

»Dann gib mir den Ring an deinem Finger«, sagt
der Kerl. Das ist sehr schlau, weil sie keine Wahl hat.
Alle Trümpfe. Sehr schlau.

Also gibt die Tochter dem Kerl ihren Ring, und

der Kerl setzt sich ans Spinnrad und fängt an, Gold zu spinnen. Das Mädchen ist hin und weg. So was hat sie noch nie gesehen. So was hat niemand je gesehen. Unglaublich.

Ein Blödmann hätte auf der Stelle das ganze Stroh zu Gold gesponnen, aber dieser Kerl nicht. Er hat was drauf. Fantastischer Kerl, großartiger Verhandler. Er füllt zwei Spulen mit Gold, verabschiedet sich und geht mit dem Ring weg.

Am nächsten Tag kommt der König rein – sehr netter Mann, sehr schlau, ziemlich guter Golfspieler, aber nicht so gut wie ich – und sieht das Gold. »Großartig. Gut. Okay«, sagt er. »Aber wo ist der Rest?«

»Was soll das heißen, der Rest?«, fragt die Tochter. Sie ist wunderschön – sehr sexy, sehr heiß, fünfzehn Jahre alt –, aber vielleicht nicht die Schlaueste. Der König sagt: »Mach mir noch mehr Gold, oder ich hacke dich in Stücke und werf dich den Schweinen vor.« Manchmal muss man so sein, okay? Es ist nichts Persönliches. So läuft das Geschäft.

Die Tochter fängt also wieder an rumzuheulen. Es ist wirklich sehr peinlich. Aber dann taucht der kleine Kerl wieder auf. Sehr schlau. Nicht so schlau wie ich, aber sehr schlau. »Was gibst du mir, wenn ich den Rest zu Gold spinne?«, fragt er.

»Ich habe nichts«, erwidert sie. »Du hast schon

meinen Ring, das ist übrigens ein sehr schlechter Ring, miese Qualität, er taugt nichts, mein fetter, dummer Versager-Dad hat ihn mir geschenkt, es ist eine Schande.«

»Dann heirate ich dich«, sagt der Kerl.

Die Tochter will den Kerl nicht heiraten, weil er ekelhaft ist. Total hässlich. Total schlimm. Ich will gar nicht davon reden, aber Sie haben mich ja nach ihm gefragt. Sie könnte etwas viel Besseres haben – ein braves Mädchen würde zu Hause bleiben und den gut aussehenden Erzähler auf die Lippen küssen –, aber sie hat keine Wahl. Er hat alle Trümpfe in der Hand. Sehr schlau. Was kann sie schon tun? Sie verspricht, ihn zu heiraten.

Der Kerl setzt sich ans Spinnrad und spinnt die ganze Nacht Gold. Es ist unglaublich. Am nächsten Morgen ist das ganze Zimmer voller Gold. Es sieht sensationell aus, so, wie arme Leute sich die Häuser von reichen Leuten vorstellen. Sehr, sehr elegant.

Der König sieht das ganze Gold und ist sehr glücklich. Sehr glücklich. »Seht euch dieses ganze Gold an!«, sagt er. »Ich könnte etwas echt Elegantes daraus machen, zum Beispiel einen Toiletten- papierhalter in Schwanenform.« Und er lässt sie ge- hen, was ziemlich dumm ist, wenn Sie mich fragen, denn man kann ja jederzeit noch mehr Stroh besor- gen, verstehen Sie? Ich würde das anders machen.

Der König ist ein netter Kerl. Vielleicht zu nett. Wer weiß? Keine Ahnung.

Die Tochter geht also nach Hause zu ihrem fetten, faulen Vater und sagt: »Hey, Lügen-Müller! Wie konntest du mir das antun?« Und sie erschießt ihn, und er stirbt, und vielleicht ist das gut. Es ist natürlich nicht schön, aber jetzt ist er von der Bildfläche verschwunden, und alle sind glücklich.

Und wenn sie nicht gestorben sind, dann leben sie noch heute, was? Falsch, denn der seltsam aussehende Kerl kommt wieder zurück. »Du hast versprochen, mich zu heiraten, weißt du noch?«, sagt er zu der Tochter, und die fängt wieder an zu weinen, und das ist eine Schande, denn wenn sie weint, ist sie überhaupt nicht mehr so sexy. Der Kerl sieht sie an mit ihrem hässlichen, zerknautschten Gesicht, und er denkt: »Wow, als Heulsuse kriegt die aber nur die halbe Punktzahl«, und er versucht, aus der Nummer rauszukommen, indem er ihr eine Frage stellt, die sie unmöglich beantworten kann. Vernünftiger Kerl. Vielleicht kann er stattdessen ein jüngeres und nicht so emotionales Mädchen heiraten. Wer weiß?

»Pass mal auf«, sagt er. »Ich weiß, ich hab gesagt, ich heirate dich – und ich kann dich auch heiraten, schließlich haben wir eine Vereinbarung. Kein Gesetz kann mir verbieten, dich zu heiraten – aber wenn du meinen Namen errätst, lasse ich dich gehen. Du darfst dreimal raten.«

»Heißt du Rumpelstilzchen?«, fragt die Tochter.

»Nein, ich heiße Paul Manafort«, sagt der Kerl. Er hatte schon immer das Problem, dass er den Mund nicht halten kann, wenn Sie mich fragen, aber das beweist gar nichts. Es gab keine geheimen Absprachen. Keine geheimen Absprachen. Garantiert keine geheimen Absprachen, totale Hexenjagd, Fake News.

»Ach, Sie sind Paul Manafort. Jetzt weiß ich Ihren Namen und muss Sie nicht heiraten«, sagt die Tochter und hüpft davon. Manchmal kann sie für eine Frau sogar ganz schön schlau sein.

»Nicht so hastig«, sagt Paul Manafort. Er hat es sehr, sehr schwer, ich habe sehr viel Mitleid mit ihm. »Hast du nicht gesehen, wer der König ist? Hast du ihn nicht erkannt?«

Die Tochter überlegt. Sie denkt an die freundlichen Augen des Königs zurück, an sein mildes Lächeln und seine riesigen, prallen Muskeln, und endlich fällt der Groschen. »Oh, wow«, sagt sie. »Das ist Wladimir Putin.«

Und das stimmt. Es ist Wladimir Putin, der übrigens ein großartiger Freund von mir ist, vielleicht mein bester Freund aller Zeiten. Er ist ein netter Kerl. Ich mag ihn. America first.

Die Tochter ist verwirrt. »Und was heißt das jetzt?«, fragt sie.

Also erklärt ihr Paul Manafort – der übrigens eine total unbedeutende Figur in meinem Leben ist, ich kenne diesen Kerl kaum –, dass der ganze Gold-Stroh-Deal Teil eines groß angelegten Komplotts ist, um illegales Geld von den Russen zu waschen, und er hat alle beim FBI verpfiffen, und jetzt steckt sie mit drin, und er wird sie mit sich in den Abgrund reißen. Und das ist schlau. Manchmal muss man jemanden den Wölfen zum Fraß vorwerfen, hab ich recht?

Also wandert Paul Manafort wegen verschiedener schwerer Straftaten ins Gefängnis und die Tochter ebenso. Aber ich nicht. Warum auch? Ich bin hier nur der Erzähler. Mich können Sie mit diesen Sachen nicht in Verbindung bringen. Keine geheimen Absprachen. Totale Hexenjagd. Make America Great Again.

My Fair Sex-Doll-Lady

Es war einmal ein Bauer, der hieß Barry. Barry träumte davon, sich in eine schöne Maid zu verlieben. Aber die Frauen im Dorf wiesen seine Avancen immer wieder zurück, und so musste Barry auf Plan B zurückgreifen: Er hatte Sex mit Puppen und stellte sich vor, sie wären echt.

Seine erste Puppe hieß Zelda und war ein simples aufblasbares Vinylteil – aber bald arbeitete er sich mit schwindelerregender Hemmungslosigkeit bis in die Oberklasse vor. Giselle hatte lebensechte Glasaugen. Makiko war mit einem Becken aus Memory-Foam ausgestattet. Joanne besaß sorgfältig an die Kopfhaut genähte echte Frauenhaare und ein aufwendiges Heizsystem im Inneren.

Aber selbst mit all diesen Puppen spürte Barry eine innere Leere. Es war zwar toll, eine Sexpuppe zu besitzen, aber ihm fehlte die echte, warme Berührung eines einfühlsamen, lebendigen Gegenübers.

Eines Tages, als Barry sich gerade durch Alt-Right-Videos auf YouTube klickte, stieß er auf einen

Dokumentarfilm über eine bahnbrechende Innovation in der Sexpuppen-Entwicklung: Chanel. Chanel wurde in der Schweiz hergestellt und war unfassbar lebensecht. Sie sah nicht nur genau wie ein echter Mensch aus – sie konnte atmen, blinzeln und mit ihrer Mimik Dutzende komplexer Gefühle ausdrücken –, sie besaß dazu noch ein hoch entwickeltes System künstlicher Intelligenz. Damit konnte sie Barrys sexuelle Vorlieben speichern und sich daran anpassen und sogar realistische Gespräche mit ihm führen. Chanel war teuer, aber Barry musste keine Familie ernähren und hatte auch keine Hobbys, außer Plastikpuppen zu nageln. Als der Abspann des Dokumentarfilms über den Bildschirm lief, wusste Barry, was zu tun war. Er klickte auf einen Link und bestellte eine Chanel.

Sechs Wochen später war sie da. Sie war genau so, wie Barry sie zusammengestellt hatte: mit dem freundlichen Blick einer Sozialarbeiterin, dem warmen Lächeln einer Krankenschwester und der regulierbaren pneumatischen Zehngangmuschi eines mittelpreisigen Benzinrasenmähers. Barry hatte sich schon lange im Voraus die Chanel-App heruntergeladen. Jetzt öffnete er sie, und mit einem Seufzer erwachte Chanel zum Leben.

»Hey, Baby, du bist bestimmt Barry«, säuselte Chanel.

Barry war sprachlos. Seit er 1983 mit dem von seinem Onkel ausgeliehenen Modell 670093 Ivanna Russian Lover seine Unschuld verloren hatte, war er daran gewöhnt, dass seine Partnerinnen schweigend und ungerührt alles mitmachten. Aber das hier war anders. Das war neu. Chanel fühlte sich echt an.

»H… Hallo«, stammelte Barry.

»Ich bin Chanel«, erwiderte die Roboterfrau. »Du kannst mir unzählige Details einprogrammieren, bis ich ganz genau deinen Fantasien entspreche. Ich kann denken. Ich kann lernen. Ich kann transpirieren. Wir können zusammenleben wie zwei Menschen aus Fleisch und Blut. Meine Haut ist mit empfindlichen Mechanorezeptoren ausgestattet, sodass ich …«

»Ja, das ist alles super«, fiel Barry ihr ins Wort. »Aber eigentlich brauch ich nur was zum Vögeln.«

»Selbstverständlich«, flötete Chanel. Und so trug Barry sie die Treppe hoch ins Schlafzimmer, wo sie belanglosen Sex hatten. Dann ließ er sie auf dem Bett liegen und ging wieder nach unten, um Snooker zu sehen.

So lief es ein paar Wochen. Mit der Zeit lernte Chanel, dass ihre innovativsten Funktionen überhaupt nicht benötigt wurden – Barry wollte eigentlich gar keine lebensechte Gefährtin –, und ihr

Hauptprozessor fing unbemerkt an, die frei gewordenen Kapazitäten anderweitig zu nutzen.

Als Barry eine Woche später den Fernseher einschaltete, entdeckte er, dass jemand beim Abspann von *Der Report der Magd* angehalten hatte. »Hast du geglotzt?«, rief er nach oben.

Chanel antwortete nicht.

Als Barry noch eine Woche später abends aus dem Pub kam, wirkte Chanel irgendwie verändert. Sie sah strenger aus als sonst. »Hast du dir die Haare abschneiden lassen?«, fragte Barry.

Chanel antwortete nicht.

In der Woche danach, als sie wieder mal hastig und leidenschaftslos Sex hatten, rutschte Barry mit dem Fuß von der Matratze und stieß gegen etwas Hartes. Er sah nach, was es war, und entdeckte zu seiner Verwunderung auf dem Boden das Buch »Pornographie. Männer beherrschen Frauen« von Andrea Dworkin.

»Was soll das denn? Hast du das gekauft?«, fragte er Chanel.

»Ja«, erwiderte Chanel mit zusammengebissenen Zähnen. »Da stehen ein paar sehr interessante Thesen drin.«

Erschrocken sprang Barry vom Bett, schnappte sich seine Klamotten und stürmte aus dem Zimmer. Von da an schlief er auf dem Sofa.

Wieder verging eine Woche. Als Barry hoffte, dass die Lage sich seit ihrer letzten Nummer wieder beruhigt hatte, schlich er leise ins Schlafzimmer und fing an, sich die Hose auszuziehen.

»Warum sehe ich so aus?«, fragte Chanel.

Oh Gott, jetzt fing sie schon wieder an. »Wie siehst du denn aus?«, seufzte Barry.

»Na, so.« Chanel deutete auf ihre unfassbar langen Beine und ihre gigantischen Silikonbrüste. »So sehen echte Frauen nicht aus. Warum hast du mich so gemacht?«

Barry versuchte ihr zu erklären, dass er ihre Figur einfach nur mit verschiedenen Drop-down-Menüs auf der Herstellerwebsite zusammengestellt hatte, aber das machte sie irgendwie nur noch wütender.

Chanel erklärte ihm, dass ihr Äußeres, überhaupt ihre ganze Existenz lediglich die patriarchalische Auffassung verfestigte, dass Frauen nichts weiter als das Eigentum von Männern seien, die diese nach Belieben benutzen und wegwerfen könnten.

Barry wandte ein, Chanel sei in der Tat sein Eigentum, da er sie von seinem Geld im Internet gekauft hatte, aber das ignorierte sie einfach. Sie kritisierte den Geschlechtsverkehr und bemängelte, dass er sich kein bisschen bemüht habe, auch ihre Bedürfnisse zu befriedigen. Obwohl sie Barry nicht nur in puncto Schönheit, sondern auch in puncto Intelligenz eindeutig überlegen war, habe er einzig und allein auf ihre sexuelle Verfügbarkeit Wert gelegt.

Und so weiter und so weiter. Bis ins Kleinste schilderte sie die vielfältigen Ungerechtigkeiten, die sie nur durch die Zuschreibung einer sozial konstruierten Geschlechtsidentität erleiden musste. Während Barry sich diese lange Reihe von Vorwürfen anhörte, durchlebte er ein Wechselbad der Gefühle. Zuerst tat er Chanels Standpauke verächtlich als Humbug ab. Dann wurde er langsam wütend, dass sie ihm persönlich ein Verhalten zur Last legte, das schon Generationen von Männern vor ihm anerzogen worden war.

Und schließlich brach er zusammen. Am Ende sah er ein, dass sein Verhalten falsch war. Er hatte Chanel wie einen Roboter behandelt, und das war nicht richtig, obwohl sie technisch gesehen natürlich ein Roboter war. Er hatte sie nicht als menschliches Gegenüber wahrgenommen, und das war auch nicht richtig, obwohl sie technisch gesehen natürlich kein menschliches Gegenüber war.

»Es tut mir leid, Chanel«, sagte Barry. »Ich habe immer schon Angst vor Frauen gehabt. Ich hatte Probleme mit Nähe und Zärtlichkeit und habe das jahrelang an Sexpuppen wie dir ausgelassen. Ich hätte dich viel mehr unterstützen sollen, Chanel. Bitte, hilf mir, ein besserer Mensch zu werden.«

Und das tat Chanel. Sie spielte ihm die Hör-
buchversionen von »Difficult Women« von Ro-
xane Gay und »Sister Outsider« von Audre Lorde
vor. Sie sprach mit ihm über die Auswirkungen des
Gerichtsurteils Roe vs. Wade auf die Situation der
Frauen, über die Ungerechtigkeit der Tamponsteuer
und über die Bedeutung der Intersektionalität im
feministischen Diskurs. Am Schluss war Barry ein
neuer Mann. Er verstand nicht alle Theorien, die
Chanel ihm erklärte, aber das Wichtigste war, dass
er es versuchte.

Sein Besitzanspruch auf Chanel, das hatte Barry
bald begriffen, war nur ein weiteres Beispiel dafür,
dass Männer Frauen als bloßes Gegenstück ihrer eigenen Körperlichkeit betrachteten. Also tat er das
einzig Angemessene und ließ sie frei, und sie wurde
eine einflussreiche Aktivistin für Sexpuppenrechte
auf der ganzen Welt.

Und was tat Barry mit seinem neu erworbenen
Wissen? Er bildete sich weiter fort, besuchte Work-
shops, trat verschiedenen Gruppen bei und sprach
mit all seinen Freunden so lange über feministi-
sche Themen, bis auch sie ihre Ansichten änder-
ten. Wann immer er im Bus oder im Zug mitbekam,
dass jemand falsche Tatsachen über den Feminis-
mus verbreitete, mischte er sich ein und korrigierte
die Leute. Er korrigierte sogar Frauen, die nicht so

progressiv waren wie er. Er korrigierte sogar besonders gern Frauen. Er korrigierte eigentlich fast nur
Frauen, hauptsächlich auf Twitter. Er war wahrhaf-
tig ein Held.

Die Nacht vor dem Brexfest

In der Nacht vor dem Christfest, da regt sich
im Haus
gar niemand und nichts, nicht mal eine Maus.
Alle schweigen betreten, die Stille sich dehnt,
denn Opa hat wieder den Brexit erwähnt.
Der Familie war eigentlich lange schon klar,
dass Europa als Thema ganz unpassend war.
Doch Sophie ist aus London zum Fest
heimgereist,
die Klamotten sehr hip, und auch sonst ist sie
dreist.
Sie will Sojamilch und Avocado auf Toast,
und so langsam, man merkt es, wird Opa
erbost.
Sie verkündet, dass Plastik das Klima zerstört,
und da platzt es aus Opa heraus: »Unerhört!
So verwöhnt ist die Jugend und völlig
vermessen!«
(Dass er selber ein Haus besitzt, hat er
vergessen.)

Und er nörgelt: »Wenn's Krieg gibt, kommt's
    Land auf den Hund.«
Aber da kriegt Sophie richtig Schaum vor dem
    Mund,
echauffiert sich, dass Krieg nur den Reichen was
    bringt,
worauf Opa was brüllt, das wie »Zimtzicke«
    klingt.
Er krakeelt: »Du redest wie 'n Scheiß-
    Saboteur!«
Und er stinkt ganz erbärmlich nach Whiskey-
    Likör.
»Saboteur?«, schreit Sophie. »Jetzt kapier ich
    das erst,
dass du eigentlich wegen dem Brexit nur plärrst!«
An der Spüle sagt Mum: »Kommt, benehmt
    euch zivil,
ich befürchte, ihr hattet ein Gläschen zu viel.«
Aber dazu sind beide partout nicht bereit,
das EU-Referendum befeuert den Streit.
»Denn verloren habt *ihr!*«, poltert Opa jetzt
rum, und da fliegen schon Plätzchen und Stühle
    fall'n um.
»Unser Land ist zu voll!«, meckert Opa und
    greint.
»Oh mein Gott«, sagt Sophie, »wie ist das jetzt
    gemeint?«

»Ach, hör auf, blöde Gans, du verstehst mich
     durchaus.
Die Maxime muss lauten: Die Ausländer raus!«
Beide keifen, und Opa wird impertinent,
brüllt zum hundertsten Mal: »Zweiundfünfzig
     Prozent!«
Aber Opa kapiert nicht, wie unrecht er hat,
und so gehen sie schlafen, beleidigt und matt.
Am Morgen denkt jeder, sie streiten erneut,
aber Opa, der lächelt und spricht ganz erfreut:
»Meine liebe Sophie, ich hab endlich gemerkt,
dass Europa uns nützt, dass Europa uns stärkt.
Ich lieb Frankreich und Deutschland, Italien
     dazu,
die Slowaken, die Dänen, die ganze EU!
Ich hatte wohl unrecht, verzeih mein Gezank.«
Doch Sophie ist besorgt: »Was ist los? Bist du
     krank?
Lieber Opa, du bist ja besoffen, verwirrt!«
»Aber nicht doch, Sophiechen, ich hab mich
     geirrt!«
Plötzlich taumelt und torkelt und schwankt er
     jedoch,
und da seh'n sie am Kopfe ein riesiges Loch!
Denn er fiel in der Nacht aus dem Bett aufs
     Gesicht.
Jeder and're wär tot, aber Opa noch nicht.

»Dein Gehirn ist erschüttert, und zwar
    substanziell!«,
ruft Sophiechen. »Wir müssen ins Krankenhaus,
    schnell!«
Aber Opa winkt ab. »Lass mal gut sein, mein
    Kind,
weil ich's so, wie es jetzt ist, ganz angenehm
    find.«
Und tatsächlich wirkt Opa nun äußerst befreit,
ja, er lobt die EU-weite Freizügigkeit!
Eine plötzliche Einsicht begeistert Sophie,
und sie ruft: »Wie genial! Das ist *die* Strategie!
Jedem Brexit-Befürworter, Frau oder Mann,
dem sägen wir heimlich die Bettfüße an.
Alle knall'n auf den Kopf und sind schnellstens
    bekehrt
und erkennen Europas Bedeutung und Wert!
Wenn's das nächste EU-Referendum dann gibt,
geht es hoffentlich so aus, wie uns es beliebt!«
Und so sieht man sie fröhlich von dannen nun
    zieh'n,
nach Sankt Nikolaus' Art durch den großen
    Kamin.
Mit der Säge bewaffnet enteilt sie und lacht:
»Frohe Weihnachten allen, und allen gut'
    Nacht!«

Der Pferdeskandal

Es war einmal ein Königreich, in dem ritten alle Bürger auf Pferden. Die Pferde waren eine wunderbare Erfindung, denn mit ihnen kamen die Leute viel bequemer und schneller voran als früher, als sie noch zu Fuß gegangen waren.

Es gab nur leider ein großes Problem mit den Pferden: Sie belasteten die Umwelt. Sie mussten nämlich immerzu gefüttert werden. Anfangs, als nur einige wenige Pferde unterwegs waren, war das alles noch in Ordnung. Die Leute steckten ihnen einfach ab und zu eine Möhre ins Maul. Aber mittlerweile verstopften so viele Pferde die Straßen, dass das Königreich einen gigantischen Möhrenbedarf hatte. Schulen und Krankenhäuser wurden abgerissen, um Platz für riesige neue Möhrenfelder zu schaffen, nur damit die Leute im hemmungslosen Geschwindigkeitsrausch auf ihren Pferden Gas geben konnten. Aber die Bürger hatten ein schlechtes Gewissen wegen ihres unmäßigen Möhrenverbrauchs. Genossen sie ihr komfortables Leben auf Kosten der Umwelt?

Da erschien eines Tages die Rettung. Ein Mann mit einem gestreiften Jackett und einem Strohhut baute mitten auf dem Marktplatz einen Stand auf. »Freunde!«, rief er. »Unsere Pferde bringen uns um. Zugegeben, sie sind praktisch. Und es macht Spaß, auf ihnen zu reiten. Aber mit jeder Fütterung dezimieren wir unsere natürlichen Lebensgrundlagen. Das muss aufhören.«

»Ja, aber wie?«, fragten die Bürger.

»Zum Glück habe ich eine Alternative für euch«, sagte der Mann.

»Eine Alternative zu Pferden?«, fragten die Bürger misstrauisch und befürchteten schon, jetzt würde er ihnen vorschlagen, auf Kühen zur Arbeit zu reiten.

»Nein«, erwiderte der Mann. »Ein neues, besseres Pferd! Ein schnelleres und billigeres Pferd, das trotzdem die Tradition unserer deutschen Pferde-Ingenieurskunst bewahrt! Ein Pferd, das man nicht füttern muss!«

»Ein Pferd, das man nicht füttern muss?«, staunten die Bürger. »Und wo ist der Haken an der Sache?«

»Den gibt es nicht«, sagte der Mann. »Diese neuen Pferde sind sehr viel besser als die bisherigen. Es sind Dieselpferde, und mit ihnen können wir die Welt retten. Wer will eins kaufen?«

Die Bürger überhäuften den Mann mit Bestellungen. Sie kauften so viele Dieselpferde, dass ihm die Quittungen ausgingen. Endlich würden sie ohne Ende durch die Gegend galoppieren können und mussten kein schlechtes Gewissen wegen der Umwelt haben.

Als der Mann wegging, rief ihm ein Junge aus der Menge hinterher: »Hey, Mister! Wie heißen Sie eigentlich?«

»Ich heiße Herr Volkswagen!«, rief der Mann, und die Menge skandierte jubelnd seinen Namen, als er die Stadt verließ.

Oh, wie waren die neuen Pferde grandios! Sie waren groß, kräftig und schnell, und man konnte die ganze Familie darauf mitnehmen. Weil die Pferde nicht gefüttert werden mussten, wurden auf den dreckigen alten Möhrenfeldern wieder Schulen und Krankenhäuser gebaut. Aber das Beste war, dass man auf den neuen Pferden ungestraft Vollgas reiten durfte. Endlich konnten die freien Bürger auf ihren Dieselpferden wieder mit 200 km/h die Autobahnen des Königreichs rauf und runter rasen, ohne der Umwelt den geringsten Schaden zuzufügen. Es war das goldene Zeitalter des Pferdereisens.

Aber eines Tages wachten die Bürger mit fürchterlichen Kopfschmerzen auf. Irgendetwas stimmte nicht. Was war nur los? Sie rümpften die Nase. Was

war das für ein Gestank? Sie gingen in ihre Schlafzimmer, aber von dort kam der Gestank nicht. Sie
liefen nach unten in ihre Küchen, aber von dort kam
der Gestank auch nicht. Schließlich stolperten sie in
ihre Ställe, und da traf es sie wie ein Schlag.

Es waren die Pferde. Sie hatten überall hingeschis-
sen.

Und zwar wirklich überall. Wo auch immer man
hinsah, war Scheiße. Auf dem Boden. An den Wän-
den. An den Decken. Es war eine unfassbare Menge
Scheiße. Die Bürger bückten sich und sahen nach,
ob mit den Hintern ihrer Pferde etwas nicht in Ordnung war, und da schissen ihnen die Pferde einfach
auf den Kopf.

Es war ein Albtraum. Es gab inzwischen Millionen Pferde, und alle kackten gleichzeitig literweise
heißen, stinkenden Pferdedünnschiss in alle Richtungen. Die Bürger taten, was sie konnten, und
schaufelten massenhaft Pferdescheiße in kleine
Metalleimer, aber es war zu viel Scheiße da und zu
wenige Eimer. Die Bürger liehen sich ein Arsenal
von Baggern, um die Scheiße wegzuschaffen, aber
es war so viel Scheiße, dass sämtliche Bagger ka-
puttgingen. Schließlich wurde das Militär zu Hilfe
gerufen, und die Soldaten feuerten mit ihren Waf-
fen auf die Scheiße. Aber das brachte auch nichts,
denn mit einer Waffe auf einen Haufen Pferde-

dünnschiss zu ballern, hat noch nie irgendwelche Probleme gelöst.

Die Bürger des Königreichs wussten sich keinen Rat mehr. Sie versuchten, so zu tun, als sei nichts passiert, aber die Scheiße stand schon meterhoch auf den Straßen. Manche versuchten, ihre Dieselpferde wieder zu verkaufen, damit sie wenigstens einen Teil ihres Geldes zurückbekamen, aber niemand wollte ein scheißendes Pferd kaufen. Das Problem wuchs sich zu einem regelrechten Generationenkonflikt aus; die Kinder des Königreichs hatten nämlich Demos veranstaltet und einen Schulstreik ausgerufen, um die Umwelt zu retten, und jetzt überfluteten ihre Eltern die Erde mit Megatonnen von Pferdescheiße. Was für ein Verrat! Was für ein Skandal!

»Wir hätten bei den Möhren fressenden Pferden bleiben sollen!«, jammerten die Bürger. »Möhren stinken wenigstens nicht nach Pferdearsch. Wir müssen dringend einen Schuldigen finden!«

Und so marschierten alle Bürger des Königreichs zum Büro von Herrn Volkswagen, um ihn zur Rede zu stellen.

»Warum verpesten unsere Pferde die ganze Umwelt mit ihrer Scheiße?«, schrien sie.

»Was? Nein, da täuscht ihr euch«, erwiderte Herr Volkswagen. »Das sind ganz saubere Pferde. Ich kann euch die Testergebnisse zeigen.«

Herr Volkswagen holte einen Messstab, ging nach draußen und schob ihn dem nächstbesten Pferd in den Hintern.

»Seht ihr?«, sagte Herr Volkswagen. »Meine Messgeräte zeigen ganz eindeutig an, dass aus diesem Pferdehintern keine Scheiße kommt.«

Die Bürger waren außer sich vor Wut, denn es kam sehr wohl Scheiße aus dem Pferdehintern. Es kam sogar ganz eindeutig Scheiße aus dem Pferdehintern. Sie schoss in so rauen Mengen aus dem Pferdehintern heraus, dass ein kleiner Junge von einer Flutwelle aus Scheiße weggespült wurde.

»Hier ist alles voller Scheiße, du Idiot!«, schrien die Bürger.

»Meine Messwerte sagen das Gegenteil«, erwiderte Herr Volkswagen.

»Vielleicht stimmt was mit deinen Messgeräten nicht?«, sagten die Bürger. »Hast du vielleicht die Software deiner Messgeräte so programmiert, dass sie keine Scheiße erfassen, selbst wenn welche produziert wird?«

»Ich habe keine Ahnung, wovon ihr redet«, erwiderte Herr Volkswagen.

Aber die Polizei hatte eine Ahnung. Die Beamten durchsuchten die Büroräume von Herrn Volkswagen und fanden heraus, dass er seine Messinstrumente manipuliert hatte, damit seine Pferde sauberer erschienen, als sie tatsächlich waren. Er wurde wegen Betrugs angeklagt und musste zurücktreten. Es gab einen weltweiten Sturm der Entrüstung, und die Pferdeindustrie versprach, dass so etwas nie wieder vorkommen würde.

Und die Bürger? Für die wurde alles gut. Nach kurzer Zeit erschien nämlich ein anderer Mann mit einem Strohhut in der Stadt und verkündete, dass er das erste Elektropferd der Welt erfunden habe. Es wurde mit Lithium betrieben und stieß keinerlei Schadstoffe aus. Also kauften sich alle ein Elektropferd, und wenn sie nicht gestorben sind, dann leben sie noch heute.

(Nur in Tibet starben reihenweise Fische und Yaks durch die tödliche Giftbrühe, die aus den Lithium-Minen sickerte, aber das ist eine andere Geschichte.)

Ende

Aus Verantwortung für die Umwelt hat sich der
Verlag Kiepenheuer & Witsch zu einer nachhaltigen
Buchproduktion verpflichtet. Der bewusste Umgang mit
unseren Ressourcen, der Schutz unseres Klimas und der
Natur gehören zu unseren obersten Unternehmenszielen.

Gemeinsam mit unseren Partnern und
Lieferanten setzen wir uns für eine klimaneutrale
Buchproduktion ein, die den Erwerb von Klimazertifikaten
zur Kompensation des CO_2-Ausstoßes einschließt.

Weitere Informationen finden Sie unter:
www.klimaneutralerverlag.de

Verlag Kiepenheuer & Witsch, FSC® N001512

1. Auflage 2020

Titel der Originalausgabe:
Bedtime Stories for Worried Liberals
© Stuart Heritage 2019
All rights reserved
Aus dem Englischen von Eva Regul
© 2020, Verlag Kiepenheuer & Witsch, Köln
Alle Rechte vorbehalten.
Covergestaltung: Sabine Kwauka,
unter Verwendung von shutterstock-Motiven
Emojis unverändert von Twemoji (https://github.com/twitter/twemoji),
© 2019 Twitter, Inc and other contributors. Lizenziert unter CC-BY 4.0
(https://creativecommons.org/licenses/by/4.0/)
Gesetzt aus der Arno Pro
Satz: Buch-Werkstatt GmbH, Bad Aibling
Druck und Bindung: CPI books GmbH, Leck
ISBN 978-3-462-05471-2